FLUCHTaspekte

Geflüchtete Menschen psychosozial
unterstützen und begleiten

Herausgegeben von

Maximiliane Brandmaier
Barbara Bräutigam
Silke Birgitta Gahleitner
Dorothea Zimmermann

Eben Louw / Katja Schwabe

Rassismussensible Beratung und Therapie von geflüchteten Menschen

Handlungs- und Interventionsmöglichkeiten

Vandenhoeck & Ruprecht

Bibliografische Information der Deutschen Nationalbibliothek:
Die Deutsche Nationalbibliothek verzeichnet diese Publikation in der
Deutschen Nationalbibliografie; detaillierte bibliografische Daten sind
im Internet über https://dnb.de abrufbar.

© 2021, Vandenhoeck & Ruprecht GmbH & Co. KG,
Theaterstraße 13, D-37073 Göttingen
Alle Rechte vorbehalten. Das Werk und seine Teile sind urheberrechtlich
geschützt. Jede Verwertung in anderen als den gesetzlich zugelassenen Fällen
bedarf der vorherigen schriftlichen Einwilligung des Verlages.

Umschlagabbildung: Nadine Scherer

Satz: SchwabScantechnik, Göttingen
Druck und Bindung: ⊕ Hubert & Co. BuchPartner, Göttingen
Printed in the EU

Vandenhoeck & Ruprecht Verlage | www.vandenhoeck-ruprecht-verlage.com

ISSN 2625-6436
ISBN 978-3-525-45023-9

Inhalt

Geleitwort der Reihenherausgeberinnen 7

Vorbemerkungen 11

1 Einleitung 15

2 Recht auf Schutz vor Rassismus und rassistischer
   Diskriminierung ist ein Menschenrecht 20

3 Was ist Rassismus? 23
   3.1 Alltagsrassismus, aversiver Rassismus und
        Mikroaggressionen 27
   3.2 Institutioneller Rassismus 32

4 Rassistische Diskriminierung und Gewalt 35
   4.1 Rassistisch motivierte Diskriminierung 35
   4.2 Rassistisch motivierte Gewalt 39

5 Reaktionen von Betroffenen und
   die psychischen Folgen von Rassismus 42
   5.1 Rassismus und Stress 42
   5.2 Rassistisch motivierte Gewalttaten mit
        kollektiver Wirkung 45
   5.3 Praxiserfahrungen 47
   5.4 Rassismusinduzierte Störungsbilder 53
   5.5 Viktimisierungsprozesse 58

6 **Herausforderungen und Möglichkeiten in Beratung und Therapie** 60
  6.1 Machtverhältnisse in Therapie und Beratung 62
  6.2 Rassismussensible Anamnese und diagnostische Fallstricke 68
  6.3 Geschützte Räume 70
  6.4 Traumatherapeutische Behandlung rassismussensibel gestalten 71

7 **Handlungsmöglichkeiten für eine rassismussensible Begleitung von jungen geflüchteten Menschen** 77
  7.1 Die Bedeutung von Rassismuserfahrungen im Zusammenhang mit Traumatisierungen bei jungen geflüchteten Menschen 79
  7.2 Handlungsmöglichkeiten einer rassismussensiblen Begleitung 82
  7.3 Ausblick auf eine rassismuskritische Soziale Arbeit 93

8 **Forderungen an das psychosoziale Versorgungssystem für geflüchtete Menschen aus rassismuskritischer Perspektive** 94
  8.1 Erkennen und Benennen rassistischer Strukturen 94
  8.2 Vom System der Zwei-Klassen-Versorgung hin zum Fachkräftegebot 95
  8.3 Personalpolitik 96
  8.4 Trägerhaltung auf der institutionellen Ebene 99
  8.5 Ausblick auf ein faires Versorgungssystem 100

Literatur 103

Geleitwort der Reihenherausgeberinnen

»Die Weißen brauchen die Menschen, die sie zu Schwarzen erklären, um sich ihrer Macht zu versichern«, schreibt Verena Lueken 2018 in ihrem Vorwort zur Neuübersetzung von James Baldwins Roman »Von dieser Welt«.

Eben Louw und Katja Schwabe machen in ihrem Band »Rassismussensible Beratung und Therapie von geflüchteten Menschen« deutlich, dass Rassismus ein allgegenwärtiges und mal mehr, mal weniger subtiles Phänomen ist und dass weiße Berater*innen, Psychotherapeut*innen und alle, die in psychosozialen Feldern tätig sind, sich mit ihren eigenen rassistischen Schemata auseinandersetzen und diese für sich reflektieren müssen. Das Buch thematisiert ein aus Herausgeber*innensicht extrem wichtiges Thema in einer Zeit, in der Caroline Emcke in ihrem Essayband »Weil es sagbar ist« Folgendes schreibt: »Früher nannte man es Rassismus, wenn Kollektiven Eigenschaften zugeschrieben wurden. Heute dagegen gelten dumpfe Vorurteile als ›Angst, die man ernst nehmen muss‹« (2015, S. 134).

Die Lektüre dieses Bandes verstört die komfortable Überzeugung, dass Rassismus ausschließlich den anderen, den Rechtspopulist*innen oder überzeugten Nationalist*innen zuzuschreiben sei, sondern dass sich rassistische Einstellungen und Schemata auch in wohlmeinenden und durchaus freundlichen Mikrointeraktionen manifestieren können, die aber ein nicht zu unterschätzendes demütigendes Potential beinhalten.

Eben Louw und Katja Schwabe beginnen nach ihrer Einleitung zu erläutern, was Rassismus und rassistische

Diskriminierung im Kern bedeuten, und differenzieren im Folgenden zwischen Alltagsrassismus, aversivem Rassismus und den sogenannten Mikroaggressionen. Sie beschreiben anschließend das Ausmaß der Problematik, bevor sie sich den Konsequenzen von erlittenem Rassismus und den Viktimisierungsprozessen widmen. Hierbei schildern sie in eindrucksvollen Praxisbeispielen, wie Klient*innen selbst über diese Erfahrungen berichten und wie sie diese verarbeiten. Die folgenden Kapitel beschäftigen sich mit rassismussensiblen Interventionsmöglichkeiten im Therapie- und Beratungssetting und mit den unterschiedlichen Handlungsmöglichkeiten einer rassismussensiblen Begleitung von jungen geflüchteten Menschen. Abschließend formulieren die Autor*innen bestimmte und konkrete Forderungen an die Verbesserung und Umgestaltung eines psychosozialen Versorgungssystems für geflüchtete Menschen aus einer rassismuskritischen Perspektive.

Das Buch ist insofern nicht leicht verdaulich, als dass es die Leser*innen und die meisten in diesem Praxisfeld tätigen Menschen aus einem bestimmten Dilemma nicht erlöst: So sehr sich weiße Fachkräfte bemühen auf Augenhöhe zu helfen, zu beraten und zu therapieren, können sie sich nicht selbst aus bestimmten strukturellen und historisch bedingten postkolonialen Gegebenheiten herauslösen. Eben Louw und Katja Schwabe formulieren es so: »Weiße Privilegien sind schwer anzusprechen, weil die meisten Menschen sich nicht privilegiert fühlen. Privilegien haben dennoch wenig damit zu tun, wie man sich fühlt«. Gerade dieser Umstand verpflichtet aber umso mehr ein Interesse zu entwickeln, den eigenen rassistischen Überzeugungen und Gefühlen auf die Spur zu kommen, um diese zunächst aus einer gewissen Distanz zu betrachten und dann perspektivisch auch reduzieren zu können.

Wir wünschen allen eine inspirierende Lektüre!

Barbara Bräutigam
Maximiliane Brandmaier
Dorothea Zimmermann
Silke Birgitta Gahleitner

Vorbemerkungen

»Mut ist genauso ansteckend wie Angst«
Susan Sontag

Das komplexe Geflecht von Herausforderungen an Praktiker*innen, rassismussensible Arbeit zu leisten, spiegelt sich wider im folgenden persönlichen Erfahrungsbericht einer der beiden Autor*innen dieses Bandes: Herausforderungen eines *weiß* dominierten, privilegierten Hilfesystems bei der Behandlung und Betreuung von Menschen mit Flucht- und Rassismuserfahrung.

Katja Schwabe:
Als *weiße* Autorin schreibe ich in diesem Buch aus einer *weißen* Perspektive. In den von mir verfassten Beiträgen kann es durchaus sein, dass ungewollt auch noch unreflektierte Sichtweisen eingeflossen sind. Genauso kann es sein, dass in meiner Arbeit mit jungen geflüchteten Menschen immer wieder unreflektierte Grundannahmen meine Arbeit prägen. Doch nur dieses Eingeständnis kann eine rassismussensible Arbeit in einem *weiß* dominierten Hilfesystem ermöglichen.

Während des Psychologiestudiums begegnete ich selten fachlichem Input, der eine solche Reflexion angeregt hätte. Erst in meiner beruflichen Arbeit setzte ich mich immer mehr mit dem Thema Rassismus und Diskriminierung auseinander, was auch zu der Auseinandersetzung mit dem Begriff »Critical Whiteness« oder kritische Weißseinsforschung führte. Doch je mehr ich mich aus einer fachlichen Perspektive mit Rassismus auseinandersetzte, desto mehr wurde mir bewusst, dass dies nicht ohne eine Auseinandersetzung auf einer persönlichen Ebene einhergeht. In diesem Zuge fielen mir dann aber auch immer mehr Vereinfachungen und Verallgemeinerungen auf, die mein (fachliches) Handeln prägten. Das waren viele alltägliche Verhaltensweisen, die gut gemeint waren, aber bei näherer Betrachtung lediglich dazu beitrugen, ein rassistisches Machtsystem aufrechtzuerhalten und von diesem zu profitieren. Die Erkenntnis, Fehler begangen zu haben, kann Scham und Schuldgefühle verursachen, die niemand gern fühlt und die meist eher verdrängt werden wollen.

Eine tatsächliche Veränderung dieses Systems braucht also fehlerfreundliche Räume, in denen Menschen sich diese Fehler eingestehen können, ohne dafür verurteilt zu werden, dem vermeintlich hohen moralischen Anspruch der Sozialen Arbeit und Psychotherapie nicht gerecht geworden zu sein. Hier stellt sich jedoch die Frage, wo fehlerfreundliche Räume geschaffen werden können. Es kann nicht erwartet werden, dass diese Räume in der direkten Zusammenarbeit mit rassismusbetroffenen Menschen eröffnet werden können. Seminare, die an eigene Ausgrenzungserfahrungen anknüpfen und einen wertfreien Ansatz bieten, können hier unterstützen.

Mit Sicherheit sei aber eines an dieser Stelle gesagt: Das unangenehme Gefühl, sich selbst Fehler einzugestehen, wird für eine *weiße,* privilegierte Person nicht so schmerzlich sein wie die sich ständig wiederholende Erfahrung von Menschen, die diesen rassistischen Annahmen auf verschiedenen Ebenen immer wieder ausgesetzt sind. Es ist an der Zeit, wohlwollend und nachsichtig mit dem Finger auf sich selbst zu zeigen, sich Fehler einzugestehen und es dann besser zu machen – und besser machen kann in diesem Zusammenhang schon heißen, unsicher zu sein, sich als immer lernende Person zu akzeptieren und somit eine Kompetenz der Unsicherheit, gar eine Kompetenzlosigkeitskompetenz (Mecheril, 2008, S. 25), zu entwickeln.

Eben Louw:
Als Schwarzer Autor schreibe ich in diesem Band aus verschiedenen Perspektiven. Mehr als zehn Jahre war ich als psychologische Leitung einer psychologischen Beratungsstelle für Betroffene rechter, rassistischer und antisemitischer Gewalt tätig. Einerseits schreibe ich in diesem Band aus dieser Perspektive und anderseits aus einer Schwarzen Perspektive.

In dem Projekt OPRA – Psychologische Beratung für Opfer rechtsextremer, rassistischer und antisemitischer Gewalt werden seit 18 Jahren unter der Trägerschaft von ARIBA e. V. in Berlin Betroffene von rassistischer, rechter und antisemitischer Gewalt beraten. Das Projekt ist eine spezialisierte psychologische Beratungsstelle und bietet professionelle psychologische Hilfe bei Traumatisierungen als Folge rechter, rassistischer und antisemitischer Gewalt. Das Projekt ist als eine komplementäre Ergänzung des Beratungsangebotes der Beratungsstelle Reach Out zu verstehen. OPRA legt dabei den Fokus auf die Verarbeitung rassismusbedingter traumatischer Erfahrungen und rassismussensible Opferberatung. Gleichermaßen gehören die Gestaltung rassismussensibler therapeutischer Maßnahmen und Empowerment zu den zentralen Aufgaben des Projekts. Wenn in den hierauf folgenden Kapiteln von Praxiserfahrungen die Rede ist, dann beziehen sich diese überwiegend auf Erkenntnisse aus dieser Perspektive. Dieser Band entstand einerseits vor dem Hintergrund von Erfahrungen mit Ratsuchenden in der psychologischen Beratung von Opfern rechter, rassistischer und antisemitischer Gewalt in Berlin (OPRA von ARIBA e. V.) sowie Fachberatungen und Weiterbildungen von Fachkolleg*innen (Ärzt*innen, Psycholog*innen, Sozialpädagog*innen/-Arbeiter*innen). Anderseits aus der Praxiserfahrung in der Arbeit mit jungen geflüchteten Menschen, der Vermittlung und Weiterbildung von ehrenamtlichen Paten-

bzw. Vormundschaften sowie aus der Begleitung minderjähriger unbegleiteter Geflüchteter in Einrichtungen der stationären Kinder- und Jugendhilfe.

Aus unserer Sicht ist es grundlegend, dass rassistische Angriffe, Beleidigungen und Situationen nicht als isolierte Ereignisse gewertet werden. Jedes rassistische Ereignis ist eng verwoben mit der kolonialen Vergangenheit, gesellschaftlichen Machtverhältnissen und den vielen täglichen rassistischen Erfahrungen, die Betroffene machen. Sie werden konstant daran erinnert, dass sie nicht-*weiß*, nicht-privilegiert sind. Im traumatherapeutischen Setting kann ein mangelndes Verständnis dieser kumulativen Wirkung dazu führen, dass Therapeut*innen die starken Reaktionen von Klient*innen als übertrieben oder dramatisierend bewerten. Die Konsequenz dieser Bewertung kann eine mögliche Bagatellisierung oder Pathologisierung des Verhaltens der Klient*innen sein. Dies bedeutet wiederum eine sekundäre Viktimisierung für die Betroffenen.

1 Einleitung

Wir leben in einer Welt, in der sich laut UN-Flüchtlingskommissariat (UNHCR) mehr als 70 Millionen Menschen (Tendenz steigend) aufgrund humanitärer Krisensituationen wie z. B. Krieg, Hungersnot usw. auf der Flucht befinden, während zeitgleich der Nationalismus und Rechtspopulismus in Europa zunehmen. Greven (2019) weist darauf hin, dass »in Europa […] Rechtspopulist*innen und auch Rechtsextreme in jüngerer Zeit größeren Zulauf [haben]« (Greven, 2019, S. 1.). Gleichermaßen gehen Decker und Brähler (2018) von einem wachsenden Zuspruch zu rassistischen und rechtsextremen Einstellungen in Deutschland aus. Sie stellen fest: »Die bundesdeutsche Gesellschaft ist von rechtsextremen Einstellungen durchzogen. […] In Ost- wie Westdeutschland sind Ressentiments gegenüber Gruppen, die als fremd oder anders wahrgenommen werden, manifest oder mindestens latent vorhanden« (Decker u. Brähler, 2018, S. 113).

Rassistische Einstellungen und Rechtsextremismus stehen in engem Zusammenhang zueinander. Dennoch ist es notwendig, darauf hinzuweisen, dass rassistische Einstellungen und Rechtsextremismus in Europa und Deutschland keineswegs neu sind. Seit dem Nationalsozialismus der 1930er und 1940er Jahre kam es immer wieder zu einem verstärkten Auftreten von Antisemitismus, anti-Schwarzem Rassismus, Antiziganismus, antimuslimischem Rassismus und Hass gegen Geflüchtete. So kam es hierzulande zum Beispiel jeweils zu einem Zuwachs rassistischer Gewalttaten in den 1990er Jahren, nach der Silvesternacht in Köln 2015/2016 und im Zusammenhang mit der sogenannten Flüchtlingskrise von 2015.

An dieser Stelle möchten wir darauf hinweisen, dass rassistische Einstellungen sich von rechtsextremen Überzeugungen dahingehend unterscheiden, dass rassistische Einstellungen auch ohne eine rechtsextreme Gesinnung existieren können. Rassismus ist ein wesentliches Merkmal von rechtsextremistischen Einstellungen und gleichzeitig ein globales System und eine Denkweise, die mit der kolonialen Vergangenheit eng verwoben ist. Rechtsextreme Einstellungen beziehen sich auf ein politisches und ideologisches System, innerhalb dessen die ethnische Zugehörigkeit zu einer »Volksgemeinschaft« oder Nation postuliert wird. Dies dient zugleich dazu, das eigene »Volk« als rein und anderen überlegen zu erachten. Rechtsextremisten lehnen sowohl die Gleichstellung von Menschen als auch das demokratische System ab und billigen die Anwendung von Gewalt. Zusammenfassend lässt sich sagen, dass nicht alle Menschen, die rassistisch handeln oder denken, rechtsextrem sind. Rechtsextreme Gesinnung ist aber stark an Rassismus orientiert.

In Deutschland begegnen rassifizierte Menschen[1] und sogenannte Menschen mit Migrationshintergrund aufgrund ihrer Hautfarbe, Sprache, zugeschriebenen Herkunft, religiösen oder ethnischen Zugehörigkeit täglich rassistischen Einstellungen und Verhaltensweisen bis hin zu rassistisch motivierter Gewalt. Aufgrund von Marginalisierung auf verschiedenen Ebenen sind Geflüchtete je-

---

1 In diesem Band werden rassifizierte Menschen (z. B. Schwarze Menschen, »People of Color« [POC], Schwarze Deutsche, Muslime, Jüdinnen und Juden) Rassismusbetroffene und BPOC (Blacks and People of Color) genannt. Dies ist eine notwendige Vereinfachung und umfasst nicht die Komplexität in der Selbst- und Fremdzuschreibung oder die Bedeutung dessen, wie Intersektionalität kontextualisiert wird.

doch besonders exponiert, ausgegrenzt und letztendlich gefährdet. Insofern liegt der Fokus in diesem Band primär auf den Erfahrungen von Geflüchteten. Dennoch gilt die Analyse der Problemlage auch für Rassismusbetroffene ohne (erkennbare) Fluchtbiografie.

Die psychischen (bzw. gesundheitlichen) Folgen von rassistischer Gewalt, Belastungen durch Alltagsrassismus und strukturelle Ausgrenzung für die hier lebenden Geflüchteten sind weitgehend nicht ausreichend untersucht. Dennoch kommen Autor*innen, die sich mit der Gesundheit von Geflüchteten befassen, vermehrt zu dem Schluss, dass sich Diskriminierungs- und Rassismuserfahrungen negativ auf die körperliche und psychische Gesundheit auswirken (vgl. Hargasser, 2014). Diese Tatsache erfordert neben der Sensibilisierung für das Thema Rassismus auch die Entwicklung neuer Konzepte und Handlungsansätze in der psychosozialen/psychotherapeutischen Versorgung von hier lebenden Geflüchteten. Es bedarf einer Auseinandersetzung mit strukturellem und Alltagsrassismus sowie mit postkolonialen Machtverhältnissen und deren Auswirkungen.

Rassismus ist wahrscheinlich einer der wichtigsten Faktoren für die Lebensqualität vieler Geflüchteten und Migrant*innen, anderseits können wir nicht außer Acht lassen, dass verschiedene Diskriminierungs- und Unterdrückungsformen in einer Situation oder einem Vorfall kulminieren können. Durch die Verflechtungen bzw. das Zusammenwirken verschiedener Machtverhältnisse, wie beispielsweise Klassismus, Ableismus und Sexismus, kann die Belastung durch ein rassistisches Ereignis oder eine solche Situation potenziert werden.

Die Verwobenheit verschiedener Diskriminierungsmerkmale ist als Intersektionalität bekannt. Wie sich diese im Zusammenhang mit rassistischer Diskriminierung manifestiert, fasst Yeboah (2017) wie folgt zusammen:

»Gesellschaftlich induzierte Traumata basieren nicht nur auf Rassismus, sondern auch auf Klassenherrschaft, Sexismus, Heterosexismus, religiöser Intoleranz u. a. Die Analyse der jeweiligen Unterdrückungsform ist wichtig für das Verständnis, allerdings sind Menschen häufig von mehreren Traumata betroffen aufgrund mehrerer gesellschaftlicher Markierungen. Als Beispiel soll die Situation von Frauen, die wegen Gewalterfahrung in der Partnerschaft Schutz im Frauenhaus suchen, näher betrachtet werden. Die Schwarzen Frauen und Women of Color sind häufig betroffen von Armut, Arbeitslosigkeit (oder gering entlohnter Beschäftigung) und Unterqualifizierung« (Yeboah, 2017, S. 154).

Antirassistische Aktivist*innen und Rassismusforscher*innen haben in Deutschland durch zahlreiche Veröffentlichungen versucht, die Begriffe, die üblicherweise innerhalb der antirassistischen Bewegung verwendet werden und in jeden antirassistischen Diskurs gehören, einem breiten Publikum zugänglich zu machen. Folgende Begriffserklärungen sind für die Auseinandersetzung mit Rassismus in diesem Band notwendig.

Als Möglichkeit, Rassismus sichtbar zu machen und Widerstand gegen rassistische Denkmuster zu leisten, verwenden die Antirassismusbewegung und Rassismusforscher*innen die Begriffe Schwarz (mit großgeschrieben S) und *weiß* (in kursiver Schreibweise kleingeschrieben). Diese Begriffe markieren die jeweiligen Positionierungen innerhalb der rassistisch konstruierten Machtverhältnisse in der Gesellschaft und beziehen sich keineswegs auf biologistische Merkmale. People of Color (POC) – ist eine Selbstbezeichnung von Gruppen die trotz historische, ethnische, kulturelle oder politische unterschiede, ähnliche rassistischer Erfahrungen machen. Sie wählen auch dieser Selbstbezeichnung als Widerstandsbegriff und als Zeichen der Solidarität untereinander.

Ziel dieses Bandes ist es, einen Überblick über die Rollen von Rassismus, Vorurteilen und Diskriminierungsprozessen in der Interaktion mit Geflüchteten zu geben und die weitreichenden Folgen für die Betroffenen aufzuzeigen. Gleichzeitig werden rassismussensible Handlungsmöglichkeiten und Reflexionsebenen exploriert. Dieser Band soll als Wegweiser und Anregung für eine rassismussensible Praxis in der psychosozialen Versorgung von rassismusbetroffenen Geflüchteten dienen.

Es steht außer Zweifel, dass Rassismus längst kein Randphänomen, sondern gesellschaftlich verankert ist. Friedrich, Mohrfeld und Schultes (2016) gehen davon aus, dass Rassismus verschiedene gesellschaftliche Ebenen durchdringt. Daher stellt sich die Frage, inwiefern Betroffene vor den Folgen von Rassismus geschützt werden können. Auch stellt sich die Frage danach, welche Rolle psychosoziale Hilfsangebote bei der Bekämpfung von Rassismus spielen. Inwiefern bedarf es einer Anpassung der bestehenden Praxis, um einen allumfassenden Schutz vor Rassismus und rassistischer Diskriminierung innerhalb des psychosozialen Unterstützungsangebots für Geflüchtete zu gewährleisten?

Sofern diese Berufsgruppen sich nicht intensiv mit dem Thema auseinandersetzen und emotionale sowie professionelle Kompetenzen zum Thema Rassismus entwickeln, werden Rassismusbetroffene nicht von Beratung und Psychotherapie profitieren können. Im Gegenteil: Ohne einen rassismussensiblen Ansatz ist die psychische Gesundheit von BPOC auch durch eben jene Institutionen gefährdet, die eigentlich Hilfe und Unterstützung bieten sollten.

2 Recht auf Schutz vor Rassismus und rassistischer Diskriminierung ist ein Menschenrecht

Der Schutz vor rassistischer Diskriminierung ist fester Bestandteil des internationalen Menschenrechtsschutzes durch völkerrechtliche Konventionen. Offiziell unterschrieb Deutschland sämtliche Selbstverpflichtungserklärungen und bekennt sich zu den umfangreichen Vorgaben und Empfehlungen der folgenden völkerrechtlichen Konventionen, EU-Richtlinien und globalen Aktionsprogramme:
- Internationales Übereinkommen der Vereinten Nationen zur Beseitigung jeder Form von Rassen-Diskriminierung (ICERD),
- Aktionsprogramm der UN-Weltkonferenz gegen Rassismus,
- Europäische Konvention zum Schutz der Menschenrechte,
- Europäische Kommission gegen Rassismus und Intoleranz (ECRI),
- Europäisches Rahmenabkommen für den Schutz nationaler Minderheiten.

Sämtliche Menschenrechtsorganisationen weisen darauf hin, dass der Schutz vor Diskriminierung ein allgemeines Menschenrecht ist und Rassismus als »besonders schwerwiegende Form von Diskriminierung« markiert werden soll (Addy, 2005, S. 12). Das internationale Übereinkommen der Vereinten Nationen zur Beseitigung jeder Form von Rassendiskriminierung (ICERD) bezeichnet rassistische Diskriminierung als »jede auf der Rasse, Hautfarbe, der Abstammung, dem nationalen Ursprung oder dem Volkstum beruhende Unterscheidung, Ausschließung, Beschränkung oder Bevorzugung, die zum Ziel oder Folge hat, dass dadurch ein gleichberechtigtes Anerkennen, Genießen oder Ausüben von Menschenrechten und Grundfreiheiten im politischen, wirtschaftlichen, sozialen, kulturellen oder jedem sonstigen Bereich des öffentlichen Lebens vereitelt oder beeinträchtigt wird« (Artikel 1 ICED). Auch in Artikel 1 des Deutschen Grundgesetzes wird der Schutz vor rassistischer Diskriminierung beschrieben. Das Allgemeine Gleichbehandlungsgesetz (AGG) bietet rechtlichen Schutz für »alle Menschen in Deutschland, die aus rassistischen Gründen oder wegen der ethnischen Herkunft, des Geschlechts, der Religion oder Weltanschauung, einer Behinderung, des Alters oder der sexuellen Identität benachteiligt werden« (§ 1 AGG; o. V Antidiskriminierungsstelle des Bundes, 2016. S. 1).

Der dauerhafte Schutz vor Rassismus in allen Lebensbereichen muss in jeder Gesellschaft die Grundlage eines antirassistischen, rassismussensiblen und menschenwürdigen Umgangs mit Schutz suchenden Menschen auf der Flucht sein. Bei der psychosozialen und psychotherapeutischen Unterstützung von geflüchteten Menschen ist eine besondere Sensibilität für das Thema Rassismus erforderlich, weil es sich hier um besonders schutzbedürftige Personen handelt.

Unbestritten ist, dass Schutz suchende Geflüchtete menschenrechtliche und in Deutschland auch auf nationalem Recht basierende Ansprüche auf Schutz haben. Obwohl Deutschland sich offiziell zu diesem menschenrechtlichen Schutz bekennt, spüren Rassismusbetroffene im Alltag wenig davon. Auf allen Ebenen des alltäglichen Lebens wird Rassismus oft nicht erkannt und nur allzu häufig lediglich als Einstellung innerhalb der rechten Szene betrachtet. Wie Reißmann (2010) ausführt: »Anders als es der Begriff Rechtsextremismus vermuten lässt, finden sich rechtsextreme Einstellungen nicht nur am politischen

Rand, sondern in der Mitte der Gesellschaft wieder – in allen gesellschaftlichen Gruppen, in allen Altersstufen, unabhängig vom Erwerbsstatus und Bildungsgrad und bei beiden Geschlechtern. Selbst in Milieus, die sich traditionell als ›links‹ bezeichnen« (Reißmann, 2010).

Die in Artikel 1 ICERD enthaltene Definition von rassistischer Diskriminierung und die aus ICERD resultierenden Verpflichtungen sind für alle Institutionen bindend. Dennoch spielen sie keine wesentliche Rolle in der Ausbildung und im Praxisalltag von Berater*innen und Psychotherapeut*innen.

3 Was ist Rassismus?

Ungeachtet der Fülle an empirischen Forschungen und medialer Aufklärung über Rassismus, macht sich folgendes Missverständnis über Rassismus immer wieder im psychosozialen Kontext bemerkbar: »Rassist*innen sind böse Menschen.« Doch die Annahme, dass es nur intentionales rassistisches Verhalten gäbe, ausgeübt von Menschen mit rassistischer Überzeugung, genügt nicht, um Rassismus in all seinen Facetten zu bekämpfen.

Hinzu kommt, dass *weiße* Psychotherapeut*innen bzw. Berater*innen das Thema Rassismus in der Interaktion mit Klient*innen, die von Rassismus betroffen sind, häufig vermeiden, möglicherweise aus Unsicherheit oder auch dem Wunsch, nicht zu kränken oder zu verletzen. In solchen Fällen ist es vorstellbar, dass die Versuchung groß ist, über rassistisches Verhalten im Ausland oder im extrem rechten Milieu zu sprechen. Die Gefahr dabei ist, dass hierdurch die rassistischen Denkmuster, die alle Mitglieder der Gesellschaft betreffen, externalisiert und die Verantwortung dafür bei einer kleinen Randgruppe verortet wird.

In der psychosozialen Versorgung von Geflüchteten tritt die offene Form von Rassismus selten in Erscheinung. Viel häufiger kommt es vor, dass Berater*innen und Therapeut*innen trotz »guten Willens« subtil und unabsichtlich rassistisch handeln. Sue et al. (2007) stellen dazu fest: »Da *weiße* Therapeut*innen Mitglieder der Gesellschaft und nicht immun dagegen sind, dass sie rassistische Vorurteile aus vorherigen Generationen übernehmen, können sie einem kulturellen Konditionierungsprozess zum Opfer fallen, wodurch sie diskriminierende Vorurteile gegenüber

Klient*innen of Color entwickeln« (Sue et al., 2007, S. 271, Übersetzung d. Verf.).

Es ist deshalb unausweichlich, dass alle Fachkräfte im psychosozialen Gesundheitssystem ihre eigenen Vorurteile, Stereotype und rassistischen Annahmen reflektieren. Wichtig ist, dass dies ein kontinuierlicher und nachhaltiger Prozess der Selbstreflexion und professionellen Qualitätsentwicklung ist. Bereits in den 1990er Jahren wies Ridley (1995) darauf hin, dass alle Berater*innen und Therapeut*innen in die Bekämpfung eigener rassistischer Denkmuster und Rassismus durch Fachkolleg*innen involviert sein sollten. Es könnte argumentiert werden, dass es zu den ethischen Grundsätzen von Beratung und Therapie gehört, Rassismus entgegenzuwirken (Ridley, 1995, S. 27).

Aktuell ist es wichtiger denn je, dass alle Berater*innen sich aktiv damit beschäftigen, den eigenen Rassismus und den Rassismus seitens Kolleg*innen zu bekämpfen. Damit die Entwicklung einer rassismussensiblen und reflexiven Praxis gelingt, ist es erforderlich, die verschiedenen Manifestationen von Rassismus näher zu betrachten.

In der Psychologie und Soziologie gibt es mehrere Definitionen von Rassismus. Jede versucht, die vielseitigen Aspekte, Dimensionen und Wirkungen von Rassismus zu berücksichtigen: Rassismus wird als Denksystem, Ideologie, Rechtfertigung für Kolonialismus und Imperialismus, als soziales Ausgrenzungssystem oder die Manifestation der globalen *weißen* Dominanz definiert. Er hat seinen Ursprung in der pseudowissenschaftlichen Behauptung einer hierarchischen und unveränderbaren Kategorisierung von Menschen in biologische »Rassen« (Richards, 1997; Susan Arndt, 2017).

Definitionen von Rassismus betonen in der Regel, dass es sich um eine Konstruktion von »wir« und »die anderen« handelt, wobei »die anderen« abgewertet werden. Dieser Prozess wird als Othering bzw. Veranderung bezeichnet und bietet eine theoretische Perspektive darauf, wie Menschen mit – tatsächlichen oder zugeschriebenen – nicht-*weißen* Biografien und Merkmalen als »anders«, als nicht-normal und als Subjekt in der Gesellschaft positioniert werden (Polat, 2017). Hooks (1992) vertritt die These, dass Othering als Folge der Ausübung von westlicher Macht und Normalisierung und im kolonialen Kontext stattfand. Bemerkenswert ist, dass die zum Subjekt gemachten Menschen sich dadurch selbst auch als »anders« erleben (Hooks, 1992. S. 3). Andere Definitionen betonen wiederum, dass Rassismus nicht nur auf einer individuellen Ebene stattfindet und dass die Verbreitung und Bestätigung von rassistischen Ideen in allen gesellschaftlichen Ebenen vorkommen. Beispielsweise beschreibt Ogette (2017) den Zusammenhang zwischen den kollektiven Rassismuserfahrungen Schwarzer Menschen und den europäischen Wirtschaftsinteressen im 17. Jahrhundert (Ogette, 2017, S. 33 f.). Obwohl heutzutage alle ernst zu nehmenden Wissenschaftler*innen die Ideologie, nach der Menschen in »Rassen« unterteilt werden könnten, als widerlegt ansehen, sind diese Ideen hartnäckig präsent in den Gedanken und Aussagen vieler Europäer*innen. Den Grund dafür beschreibt Tißberger (2013) folgenderweise: »Mit der Konstruktion ›Rasse‹ wird zwischenmenschliche Differenz in den Körper eingeschrieben, unveränderlich, essentiell« (Tißberger, 2013, S. 9). Schlussendlich bedeutet das, dass rassistisch markierte Menschen konstant als »die anderen« wahrgenommen und bezeichnet werden. Dennoch sind neben psychologischen und sozioökonomischen Erklärungen die historische Verwurzelung und Wirkung nicht zu unterschätzen. Die ideologische Besonderheit von Rassismus, der in Deutschland praktiziert wird, ist die historisch bedingte Verstrickung mit Massenvernichtung und Völkermord. Dadurch ist es kaum möglich, Rassismus zu thematisieren. Es ist bezeichnend, dass in Deutschland das starke Bedürfnis, sich von der nationalsozialistischen Vergangenheit zu distanzieren, der Reflexion des eigenen rassistischen Handelns und Denkens sowie der Anerkennung und dem Sichtbarmachen von strukturellem Rassismus im Wege steht. In ihrem Buch »exit Racism« bietet Tupoka Ogette (2017) eine einleuchtende Erklärung dafür, warum die Auseinandersetzung mit Rassismus in Deutschland mühevoll ist: »Die Tatsache, dass Deutschland den Horror des Holocausts zu verantworten hat und damit eine schwere kollektive Schuld trägt, hat dazu geführt, dass wir als Deutsche – alles, was mit dem Begriff Rassismus in Verbindung steht, aus unserem kollektiven Bewusstsein und vor allem unserem Selbstbild verbannt haben« (S. 87).

In Deutschland besteht eine besondere Verknüpfung von *weiß*-Deutschen als konstruierter ethnischer Gruppe mit einem exklusiven Anspruch auf eine gemeinsame Sprache. Deutsch-Sein wird mit *weiß*-Sein gleichgesetzt. Diese Ideologie ist eng mit Hautfarbe und kulturellen Stereotypen verbunden und wird wie andere rassistische Überzeugungen durch soziales Lernen weitergegeben (Ridley, 1995, S. 23). Aus dieser Perspektive wird deutlich, warum das Thema Integration in Deutschland im Vergleich zu anderen Ländern eine außergewöhnliche Relevanz hat und auf gesellschaftlicher statt auf juristischer Ebene verhandelt wird. Die gesellschaftliche Trennlinie zwischen *weiß*-Deutschen als dominanter »Rasse« und den »anderen« wird über den Pseudodiskurs der »Integration« markiert. De facto werden über diese typisch deutschen Mechanismen »wir« und »die anderen« in eine unveränderbare Beziehung zueinander gestellt. In seinem Buch »Desintegriert euch!« beschreibt Max Czollek (2018) dieses Dilemma und bringt es in Zusammenhang mit Antisemitismus, der deutschen Erinnerungskultur und der Debatte um eine Leitkultur.

Bei Rassismus handelt es sich aber nicht nur um eine Ideologie, vielmehr macht Rassismus ein gesellschaftliches System von Machtverhältnissen aus: »Charakteristisch für

Rassismus ist, dass auf Grundlage physischer und/oder vermeintlicher kultureller oder religiöser Merkmale (zum Beispiel ein Kopftuch, eine Kippa) bzw. auf Grundlage von Herkunft oder Nationalität Menschen kategorisiert und zu Gruppen zusammengefasst werden« (Danielzik, 2018, S. 35).

Die klassischen Formen von Rassismus werden oft durch einen kulturellen Rassismus ersetzt. Der Begriff »Rasse« wird vermieden und stattdessen von »Ethnie«, »Kultur«, »Volk« und »Nation« gesprochen. Diese Form des Kulturrassismus basiert auf der Grundannahme der »Unvereinbarkeit verschiedener Kulturen, die gegeneinander abgegrenzt, voreinander geschützt und reingehalten werden sollen« (Danielzik, 2018, S. 42).

An dieser Stelle ist es wichtig, hervorzuheben, dass rassistische Ideen, Prozesse und Wirkungsmechanismen sich an gesellschaftliche Veränderungen anpassen und längst neue Wege gefunden haben, um weiter zu existieren. Hund (2007) analysiert die unterschiedlichen Formen des Rassismus im Verlauf ihrer Entwicklung und kommt zu dem Schluss: »Der Kulturrassismus ist zentraler Bestandteil aller Formen und Dimensionen rassistischer Diskriminierung. Die Dehnbarkeit und Selbstbezogenheit des Kulturbegriffes und seine Kombinierbarkeit mit anderen Mustern rassistischer Diskriminierung macht ihn zu einem besonders vielseitigen Instrument der Herabminderung« (Hund, 2007, S. 125). Im Folgenden skizzieren wir die unterschiedlichen Formen von Rassismus hinsichtlich ihrer Komplexität und Subtilität.

3.1 Alltagsrassismus, aversiver Rassismus und Mikroaggressionen

Im scheinbaren Widerspruch zum Anstieg des Rechtspopulismus und offen rechtsradikaler Einstellungen spielt die moderne Form von Rassismus eine wesentlich größere

Rolle im Erleben von Alltagsrassismus für die Betroffenen. In der Gesellschaft und auch unter Rechtspopulisten werden bewusst und unbewusst Strategien eingesetzt, um die eigenen rassistischen Einstellungen zu verdecken, rassistisches Verhalten zu verstecken und in subtilere Formen zu verpacken.

Diese Form von Rassismus ist besonders hervorzuheben, da sie das Erleben von Alltagsrassismus verdeutlicht. Offene Feindseligkeit oder Orte, an denen Rassismusbetroffene unerwünscht sind, können gegebenenfalls vermieden werden, wenn die Betroffenen dazu die Möglichkeiten haben. Alltagsrassismus mit aversiven Rassismusdynamiken und institutionellem Charakter ist hingegen allgegenwärtig. Trotz dieser Allgegenwärtigkeit bleibt diese Form von Rassismus teilweise verdeckt. Leiprecht (2001) beschreibt Alltagsrassismus folgendermaßen: »Der Begriff Alltag verweist in seiner Verbindung mit Rassismus auf Artikulationen, die an ›allen Tagen‹ vorkommen und relativ verbreitet sind und von den Angehörigen der Mehrheitsgesellschaft häufig nicht als Rassismus identifiziert werden, sondern als selbstverständlich erscheinen und unhinterfragt hingenommen werden« (Leiprecht, 2001, S. 2). Alltagsrassismus durchdringt alle Lebensbereiche der Betroffenen. Er ist eng mit dem beruflichen Leben, Privatleben, Beziehungsdynamiken und gesellschaftlicher Teilhabe verwoben, und es gibt kein Entkommen vor seinem Einfluss.

Zur Vertiefung des Themas Alltagsrassismus aus einer psychologischen Perspektive verweisen wir an dieser Stelle auf folgende weiterführende Literatur von Astride Velho (2016) und Dileta Fernandes Sequeira (2015).

Offenes, aggressives und absichtlich rassistisches Verhalten wird zunehmend durch einen weniger sichtbaren Ausdruck von Rassismus ersetzt. Die am weitesten verbreitete moderne Form des Rassismus ist der aversive Rassismus. Er ist meist subtil, unbewusst, unbeabsichtigt und wird ausgeübt von einer liberalen *weißen* Gesellschaft, die sich selbst als weltoffen und interkulturell kompetent ansieht. Aversiver Rassismus geht von Menschen aus, die egalitäre Werte vertreten. Sie vermeiden bzw. verleugnen Verhaltensweisen oder Gefühle, die mit einer rassistischen Absicht in Verbindung gebracht werden könnten. Aversive Rassist*innen fühlen sich nicht wie Rassist*innen und empfinden Rassismusvorwürfe als besonders unangenehm und als persönlichen Angriff. Diese Form von Rassismus wird besonders deutlich, wenn *weiße* bei Rassismusvorwürfen die Meinung vertreten, dass ihre Intentionen bei der Interaktion nur gut gemeint und ohne böse Absicht gewesen wären. Spätestens, wenn Rassismusbetroffene das Verhalten von *weißen* Deutschen mit der Nazivergangenheit Deutschlands in Verbindung bringen, wird dies als unverzeihlicher Affront und Beleidigung betrachtet. Es ist sicherlich berechtigt, sich gegen Beleidigungen jeglicher Art zu wehren, dennoch macht die Tabuisierung von Themen, die unser aktuelles Handeln mit unserer gesellschaftlichen Prägung in Verbindung bringt, eine Veränderung unseres Verhaltens unmöglich.

Der Begriff »rassistische Mikroaggressionen« (»racial microaggressions«) hat sich als geeignete Beschreibung für die allgegenwärtige, subtile und aversive Form von Alltagsrassismus bewährt. Sue et al. definieren rassistische Mikroaggressionen als »flüchtige und alltägliche verbale, im Verhalten begründete oder in der Umwelt platzierte Demütigungen, die beabsichtigt oder unbeabsichtigt, feindselige, abwertende oder negative rassistische Beleidigungen oder Beschimpfungen gegenüber Menschen of Color/ Schwarzen Menschen kommunizieren« (Sue et al., 2007, zit. nach Louw, Trabolt u. Mohrfeldt, 2016, S. 32). Anhand des Konzepts »racial microaggressions« können die Interaktionen zwischen Berater*in/Therapeut*in und rassismusbetroffenen Klient*innen aus einer rassismuskritischen Perspektive analysiert werden. »Racial microaggressions« können in folgende drei Kategorien unterteilt werden: Microinsults (Mikrobeleidigung/Kränkung), Microassaults (Mikroangriff) und Microinvalidation (Mikroentwertung). Hier ist hervorzuheben, dass alle drei Formen von »racial microaggressions« auch dann vorkommen, wenn keine direkt verantwortliche Person oder kein rassistischer »Täter« vorhanden ist. Sie werden durch Faktoren in der Umgebung, strukturelle Gegebenheiten oder Rahmenbedingungen hervorgerufen und durch Sue et al. (2007) als »environmental microaggressions« bezeichnet. Sue und Kolleg*innen beschrieben die drei Formen von Mikroaggressionen folgendermaßen: »Microinsults sind häufig (jedoch nicht ausschließlich) unbewusstes, unverschämtes, unsensibles und erniedrigendes Verhalten bzw. verbale Äußerungen« (Sue et al., 2007, S. 271, zit. nach Louw et al., 2016, S. 33). Ein Beispiel für einen Microinsult ist, wenn sich eine als arabisch gelesene männliche Person bei einer psychosozialen Einrichtung zur Behandlung vorstellt und die Berater*in/Therapeut*in als Erstes sagt: »Übrigens finde ich es gut, dass Sie mir die Hand gegeben haben und mir in die Augen schauen. Ich weiß, dass manche von Ihnen nicht verstanden haben, dass es in Deutschland respektlos und frauenverachtend ist, einer Frau nicht die Hand zu geben.« Oder: »Sag mal, ist das wirklich Teil deiner Kultur, einer Frau nicht in die Augen zu sehen, oder haben die Jungs nur was zu verbergen? Gut, dass du da anders bist und dich hier schnell integriert hast.« Im Gegensatz ist ein »Microassault […] häufig bewusstes, explizit rassistisches, herabwürdigendes und aggressives verbales oder non-verbales Verhalten« (Sue et al., 2007, S. 274). Einem Schwarzen Klienten, der zu spät kommt, zu sagen, dass hier nicht Afrika sei, oder darauf zu bestehen, in Gegenwart Schwarzer Personen das N-Wort zu nutzen, sind Beispiele von Microassaults.

»Microinvalidations sind meist verdeckte, unbewusste Verhaltensweisen bzw. verbale Äußerungen, die die Gefühle, Gedanken und subjektiven Erlebnisse der Betroffenen verleugnen, ausgrenzen und für nichtig erklären« (Sue et al., 2007, S. 271, zit. nach Louw et al., 2016, S. 33).

Beispielsweise findet Microinvalidation statt, wenn eine geflüchtete Person in Begleitung einer in Deutschland geborenen Schwarzen Person eine Veranstaltung in einer psychosozialen Einrichtung besucht und die Fachleute dort immer wieder kommentieren, wie gut die Schwarze Person Deutsch sprechen könne. Manchmal kommt es vor, dass Klient*innen ihren Betreuer*innen, Therapeut*innen oder Berater*innen von Vorfällen erzählen, bei denen sie das Gefühl hatten, in einer Alltagssituation rassistisch behandelt worden zu sein (z. B. beim Einkaufen). Wenn dann ihr Gegenüber mit Sätzen wie »Sie sind aber sensibel. Vielleicht hatte die Person, von der Sie da sprechen, bloß einen schlechten Tag und hatte es gar nicht böse gemeint« reagiert, werden die Rassismuserfahrungen dieser Person negiert und als unwichtig erachtet. Dies ist eine ebenso typische wie weitverbreitete Form von Microinvalidation. Als weitere Form von Microinvalidation zählt die Behauptung, dass Rassismus oder die vermeintliche Herkunft von BPOC bei den sozialen oder wirtschaftlichen Erfolgschancen keine Rolle spielen würden.

Für keine andere Gruppe von Menschen sind die Wechselwirkungen verschiedener Formen von Rassismus und Diskriminierung so relevant wie im Falle von sogenannten Menschen mit Fluchterfahrungen. Wenn über das Schicksal von Geflüchteten gesprochen wird, werden häufig Extreme bedient: Kriegstraumata, Fluchterfahrung, Gewalt und die Trauer um getötete Verwandte und Freunde. Auf die unmenschlichen Erlebnisse dieser Menschen hinzuweisen, ist an sich nicht falsch. Psychosoziale und psychotherapeutische Bemühungen, Traumata klinisch zu behandeln und die Schmerzen zu lindern, sind berechtigt und fachlich sowie ethisch geboten. Dennoch wiegt die Belastung durch die subtileren Formen von zwischenmenschlichem Rassismus und die allumfassenden Folgen von strukturellem und institutionellem Rassismus oft viel schwerer. Letzteres ist genau das, was den Alltag in Deutschland für einen Großteil der, insbesondere nicht-*weiß*-gelesenen, geflüchteten Menschen negativ beeinflusst. Aus der Arbeit mit geflüchteten Betroffenen rechter und rassistischer Gewalt berichten Klient*innen, dass die Gewalt-, Kriegs- oder Foltererfahrungen teilweise leichter zu ertragen seien als die Rassismuserfahrungen in Deutschland. Ähnlich äußerten sich geflüchtete junge Menschen, die in stationären Kinder- und Jugendhilfeeinrichtungen oder Gemeinschaftsunterkünften im Bundesland Berlin untergebracht waren, den Autor*innen und einigen ihrer Kolleg*innen gegenüber.

Betroffene von rassistisch motivierter Gewalt sind besonders schutzbedürftig in Bezug auf Alltagsrassismus und subtile Formen von Rassismus. Auch kaum wahrnehmbares rassistisches Verhalten wirkt extrem bedrohlich auf die Betroffenen, bestätigt ihre Überzeugung, dass sie in Deutschland nirgendwo sicher sind. Schlussendlich wird dadurch verhindert, dass Symptomremission bzw. Heilung von Traumafolgestörungen erreicht werden kann. Diese Menschen sind einer konstanten Gefährdung der psychischen Gesundheit und des Wohlbefindens ausgesetzt. Für jede psychosoziale und therapeutische Maßnahme bedeutet das eine enorme Herausforderung.

3.2 Institutioneller Rassismus

Das Konzept des institutionellen Rassismus hat sich seit der Untersuchungskommission zu dem Mord an Stephen Lawrence im europäischen antirassistischen Diskurs verbreitet. Stephen Lawrence starb infolge eines rassistischen

Angriffes am 22. April 1993 in Großbritannien. Die Kommission kritisierte die Ermittlungsarbeit der Polizeibehörde und warf der Behörde institutionellen Rassismus vor. In dem »Stephen-Lawrence-Inquiry«-Bericht definiert Macpherson of Cluny (1999) institutionellen Rassismus als das »kollektive Versagen einer Organisation [oder Institution], Menschen eine angemessene und professionelle Dienstleistung zu bieten, aufgrund deren Hautfarbe, Kultur oder ethnischer Herkunft. Es spiegelt sich in Prozessen, Einstellungen und Verhaltensweisen, die eine Diskriminierung zur Folge haben können, wider. Diese Form der Diskriminierung entsteht durch unbeabsichtigte Vorurteile, Ignoranz, Sorglosigkeit und rassistische Stereotype, welche ethnische Minderheiten benachteiligen« (Macpherson of Cluny, 1999, S. 34, Übersetzung d. Verf.).

Die NSU-Untersuchungsausschüsse in Deutschland kamen zu dem Schluss, dass die Ermittlungen zu den NSU-Verbrechen ein Ausdruck von institutionellem Rassismus seien. Diese Schlussfolgerung zogen sie, weil die Ermittlungsbehörden auf jeder Ebene Entscheidungen trafen, die auf rassistischen Bildern und Vorstellungen über die Opfer basierten und zur Kultur und Alltagspraxis in diesen Behörden gehörten. Auch in psychosozialen und gesundheitlichen Versorgungseinrichtungen kommen rassistische Einstellungen, Denkmuster und Regeln ebenso vor wie in anderen Institutionen. In diesem Sinne könnte zum Beispiel die Gesundheitsversorgung unter § 2 AsylbLG als institutionelle Diskriminierung bezeichnet werden: Nach der heutigen Gesetzeslage ist der Zugang zu psychischer Gesundheit und psychotherapeutischer Behandlung für geflüchtete Menschen diskriminierend und nicht mit den allgemeinen Menschenrechten zu vereinbaren.

Im Kontakt mit den Strafverfolgungsbehörden bekommen Geflüchtete institutionellen Rassismus am deutlichsten zu spüren. Zunehmend berichten geflüchtete Menschen von Polizeikontrollen aufgrund der Hautfarbe, Sprache oder Kleidung, die als Hinweis auf eine Religionszugehörigkeit oder Herkunft gelesen werden könnte. Sie empfinden diese Kontrollen als demütigend und erniedrigend. Viele berichten, dass der Moment, in dem sie aufgefordert werden, die Aufenthaltspapiere aus der Tasche zu holen, einer der am stärksten schambehafteten Momente ihres Lebens gewesen sei. Diese Praxis der rassistisch motivierten verdachtsunabhängigen Personenkontrolle nennt sich Racial Profiling und hinterlässt bei den Betroffenen den Eindruck einer ungerechten Justiz.

Inzwischen beschäftigt sich die deutsche Fachliteratur zunehmend mit institutionellem Rassismus im Kontext von Flucht und Asyl. Beispielsweise bieten Jäger und Kauffmann (2002) eine vertiefende fachliche Auseinandersetzung mit dem Thema.

Wenn wir davon ausgehen, dass institutioneller Rassismus auch in Deutschland Realität ist, liegt es nahe, dass Akteur*innen innerhalb der psychosozialen Versorgungsstruktur für Geflüchtete ein Interesse daran haben, die Wirkung von institutionellem Rassismus zu verstehen und diesem entgegenzuwirken. Wo besteht Handlungsbedarf für die Fachkräfte und Verantwortlichen in dieser Branche? Wir, die Autor*innen, sehen die dringende Notwendigkeit der strukturellen Evaluierung mit dem Ziel, (bewusste oder unbewusste) diskriminierende und rassistische Praktiken sichtbar zu machen. Die Entwicklung nachhaltiger Monitoringinstrumente wäre hierzu ein weiterer wichtiger Schritt.

Institutioneller Rassismus in psychosozialen Einrichtungen und Programmen, die für die psychische Gesundheit von geflüchteten Menschen und Migrant*innen zuständig sind, sollten regelmäßig und langfristig untersucht werden. Damit könnten automatisierte, subtile oder auch unbewusst rassistische Praktiken und Strukturen beobachtet und abgebaut werden.

4 Rassistische Diskriminierung und Gewalt

4.1 Rassistisch motivierte Diskriminierung

Diskriminierung hat wie beschrieben verschiedene Erscheinungsformen. Geflüchtete Menschen erleben nicht nur beabsichtigte verbale und nonverbale Beleidigungen, sondern auch Benachteiligungen bis hin zur institutionellen Diskriminierung. Mit institutioneller Diskriminierung sind neben der bereits erwähnten Definition von institutionellem Rassismus auch die subtileren Formen der Ausgrenzung und Benachteiligung in Organisationen, ungeschriebene und geschriebene Regeln in gesellschaftlichen Strukturen und Institutionen aufgrund verschiedener Merkmale gemeint. Geflüchtete erleben häufig Mehrfachdiskriminierung aufgrund der Merkmale Religion und Herkunft (bzw. rassistische Zuschreibungen).

Ausgrenzung und Benachteiligung belasten den Alltag vieler geflüchteter Menschen. Die Benachteiligung spielt sich am häufigsten auf dem Arbeits- und Wohnungsmarkt sowie in der Bildung ab. Aber auch beim Zugang zu Ressourcen und Freizeitangeboten im Alltag von Geflüchteten ist sie spürbar. Ein Zusammenhang zwischen Diskriminierungserfahrungen und psychischen Belastungen lässt sich anhand der Berichte von Betroffenen vermuten. Ergebnisse einer Studie der Antidiskriminierungsstelle des Bundes (ADS) führen erstmals verlässliche Daten über die Diskriminierungserfahrungen von Geflüchteten in Deutschland auf:

»Insgesamt fast neun von zehn der befragten Organisationen (88 Prozent) geben an, dass ihnen Flüchtlinge und Asylsuchende im Gespräch direkt von Diskriminierungserfahrungen berichten: 16 Prozent erleben dies häufig, 43 Prozent gelegentlich und 29 Prozent zumindest selten. […] Viele der befragten Organisationen (80 Prozent) berichten von systematischer Benachteiligung von Geflüchteten auf dem Wohnungsmarkt, also bei der Suche nach einer dauerhaften Bleibe in Deutschland. Rund zwei Drittel nennen Ämter und Behörden (68 Prozent) als Lebensbereiche, in denen Geflüchtete besonders häufig Diskriminierung erleben. Vielfach wird von Diskriminierung von Flüchtlingen und Asylsuchenden bei Jobcentern, Ausländerbehörden oder auf dem Standesamt berichtet« (Antidiskriminierungsstelle des Bundes, 2016, S. 7 ff.).

Die Ergebnisse der genannten Untersuchung weisen darauf hin, dass geflüchtete Menschen in Deutschland einem hohen Diskriminierungsrisiko ausgesetzt sind. Laut der Antidiskriminierungsstelle des Bundes führen Diskriminierungserfahrungen bei den geflüchteten Menschen zu Resignation oder dem Einschränken des eigenen Verhaltens. »Viele berichten von Traurigkeit, Ärger oder auch Aggressionen« (Antidiskriminierungsstelle des Bundes, 2016, S. 18).

Eine der befragten geflüchteten Personen berichtete: »[…] da hat der Vermieter gesagt: Das ist ein Moslem, das ist ein Terrorist und der kommt, um unser Land zu zerstören. Und es ging richtig hoch her und dann hat mein Freund wieder gesagt: Er ist kein Moslem, er gehört einer Minderheit an und ist aus religiösen Gründen verfolgt und ist deshalb hier in Deutschland, um ein besseres Leben zu führen. […] Dann hat der Vermieter am Telefon gesagt: Verschwenden Sie nicht Ihre Zeit, zu meinem Freund, und: Niemand wird diesen Menschen eine Wohnung geben, den Muslimen, den Terroristen« (Antidiskriminierungsstelle des Bundes, 2016, S. 14).

Schutzsuchende erleben in Deutschland oft aus mehreren Gründen Mehrfachdiskriminierung. Zum Beispiel wird eine muslimische kopftuchtragende Schwarze Frau durch ein Zusammenspiel mehrerer Vorurteile benachteiligt, wenn sie in einem Bewerbungsgespräch auf ihr Aussehen angesprochen wird. Weitere Diskriminierungsgründe könnten ihr Alter, Geschlecht und ihre Herkunft sein. Auch wenn die Person im obengenannten Beispiel gar nicht erst zum Bewerbungsgespräch eingeladen wird, ist es möglich, dass sie aufgrund ihrer Zugehörigkeit zu mehreren benachteiligten Gruppen diskriminiert wird, indem ihre Bewerbung von vornherein nicht berücksichtigt wird. Gesellschaftliche Teilhabe ist nahezu unmöglich, wenn Betroffene von rassistischer Diskriminierung kaum Zugang zu Ressourcen, Bildung, Arbeit und Gesundheit haben. Das kann zur Folge haben, dass Betroffene mit psychischen Problemen, körperlichen Beschwerden und einer konstanten Armutsgefährdung zu kämpfen haben.

An dieser Stelle ist auch wichtig zu erwähnen, dass unter Geflüchteten, Unterstützer*innen und den verschiedenen Akteur*innen in der psychosozialen Versorgung von Geflüchteten großes Unwissen über Diskriminierungsschutz und Handlungsmöglichkeiten bei Diskriminierung besteht. Die folgenden Hinweise können dazu beitragen, dass Fachkräfte ihren Handlungsspielraum im Zusammenhang mit Diskriminierung erweitern.

In mehreren Bundesländern sind Antidiskriminierungsstellen vertreten. Die meisten von ihnen sind Mitglieder des Bundesverbandes der Antidiskriminierungsberatungsstellen (advd; www.antidiskriminierung.org). Aktuell sind 24 Mitgliedsorganisationen (überwiegend Nichtregierungsorganisationen) aus 12 Bundesländern unter diesem Dachverband vereint. Sie bieten nicht nur Beratung für Ratsuchende und Fachpersonal an, sondern unterstützen auch mit einer Reihe von Interventionen Betroffene dabei, sich gegen Diskriminierung zu wehren. Daneben bieten sie Fortbildungen an und organisieren öffentliche Veranstaltungen. Die Berater*innen dieser Stellen sind qualifizierte Antidiskriminierungsberater*innen und arbeiten nach bundesweit einheitlichen Qualitätsstandards. Fachkräfte können sich mit all ihren Fragen zum Diskriminierungsschutz an diese Stellen wenden. Das Beratungsangebot ist kostenlos.

Neben den lokalen Beratungsstellen haben einige Bundesländer Landesantidiskriminierungsstellen als Teil der Landesbehörden eingerichtet. Diese Stellen unterscheiden sich von den Beratungsstellen auf Bundesebene dadurch, dass sie eine koordinierende Funktion haben. Die Aufgaben und Zielsetzungen der Landesstellen unterscheiden sich an vielen Stellen, sind dennoch im Kern ähnlich konzipiert. Zum Beispiel hat die Landesantidiskriminierungsstelle in Berlin sich u. a. folgende Ziele und Aufgaben gestellt: Öffentlichkeitsarbeit zum Allgemeinen Gleichbehandlungsgesetz (AGG) und die Förderung von präventiven Maßnahmen wie Fortbildungen und Informationsmaterial.

Die Aufgaben der Antidiskriminierungsstelle des Bundes (www.antidiskriminierungsstelle.de) sind Beratung, Forschung und Öffentlichkeitsarbeit auf Bundesebene. Zusätzlich verfügt sie über ein Beratungsteam von Jurist*innen, die über die rechtlichen Möglichkeiten in einem Fall von Diskriminierung oder sexueller Belästigung informieren können.

In Organisationen und Einrichtungen in der psychosozialen Arbeit mit Geflüchteten ist es ratsam, allen Beschäftigten Kopien des Allgemeinen Gleichbehandlungsgesetzes (AGG) zur Verfügung zu stellen. Bei Meldungen von rassistisch motivierten Gewalttaten hat das Fachpersonal auch die Möglichkeit, professionelle Unterstützung seitens spezialisierter Beratungsstellen zu bekommen. So sind innerhalb des Verbandes der Beratungsstellen für Betroffene rechter, rassistischer und antisemitischer Gewalt (VBRG) spezialisierte Beratungsstellen aus acht Bundesländern organisiert. Informationen über lokale Beratungsstellen und Unterstützungsmöglichkeiten sind über die Geschäftsstelle erhältlich (www.verband-brg.de).

4.2 Rassistisch motivierte Gewalt

Alltagsrassismus und rassistische Diskriminierung sind in Deutschland so weit verbreitet, dass sie zur Normalität gehören, da große Teile der Bevölkerung nicht kontinuierlich die Beseitigung von Rassismus und Diskriminierung fordern. Währenddessen heißen andere den Status quo gut und billigen ihn. Seit vielen Jahren ist die Gefahr durch rechte, antisemitische und rassistisch motivierte Straftaten und Gewalt in Deutschland alarmierend hoch.

Laut den im VBRG e.V. zusammengeschlossenen Beratungsstellen für Betroffene rechter, rassistischer und antisemitischer Gewalt wurden für das Jahr 2019 in acht Bundesländern 1347 rechts, rassistisch und antisemitisch motivierte Angriffe registriert. Damit wurden in der Hälfte aller Bundesländer im Jahr 2019 täglich mindestens fünf Menschen Opfer rechter Gewalt. Rassismus sei dabei das mit Abstand häufigste Tatmotiv: »Zwei Drittel aller Angriffe waren rassistisch motiviert und richteten sich zu einem großen Teil gegen Geflüchtete, Schwarze Menschen und People of Color« (Verband der Beratungsstellen für Betroffene rechter, rassistischer und antisemitischer Gewalt, 2020).

Mit besonderem Fokus auf gewalttätige Angriffe auf Geflüchtete dokumentiert die gemeinsame »Chronik flüchtlingsfeindlicher Vorfälle« von der Amadeu Antonio Stiftung und PRO ASYL die dramatische Lage bezüglich Gewalt gegen Geflüchtete. Bei der Dokumentation von Übergriffen auf und Demonstrationen gegen Geflüchtete und ihre Unterkünfte verzeichnet die Chronik für 2019 insgesamt 1.114 Angriffe auf Asylsuchende und ihre Unterkünfte. Davon waren 198 tätliche Übergriffe wie Körperverletzung, drei Brandanschläge auf Unterkünfte und 913 sonstige Angriffe auf Unterkünfte und Asylsuchende, wie beispielsweise Stein-/Böllerwürfe, Schüsse, rechte Schmierereien, Bedrohungen (Amadeu Antonio Stiftung und PRO ASYL, 2020). Die Bedrohung, unter der geflüchtete Menschen leben, wird noch deutlicher durch folgenden Bericht:

> Ein syrischer Mann erzählt an einem Herbsttag 2015 Journalist*innen in Cottbus: »Ich war einkaufen. Vor dem Markt standen Leute, die haben mich erst in Ruhe gelassen. Nach dem Einkauf haben sie auf mich gewartet, mir den Einkauf weggenommen und mich geschlagen.« Als ihm ein Freund dann zur Hilfe gekommen sei, sei dieser ebenfalls geschlagen worden. Zuvor sei er bereits auf der Straße von Unbekannten bedroht worden: »Du sollst einfach weg von hier, ansonsten bist du tot« (Blumenthal u. Schneider, 2015, S. 1).

Viele Menschen mit Migrationserfahrung, Schwarze Menschen und People of Color in Deutschland vertreten die Ansicht, dass jeder Angriff von rechten Gewalttäter*innen als Botschaft gemeint ist: eine kollektive Botschaft, mit dem Ziel, ein Gefühl der Bedrohung zu verbreiten. Das ist zu erkennen am übereinstimmenden Modus Operandi der rechtsextremistischen Terrorgruppe NSU sowie der Attentäter von Halle und Hanau. Keltek (2017) ist überzeugt, dass die Mitglieder des Nationalsozialistischen Untergrunds die von ihnen verübte Mordserie als kollektiven Angriff intendierten: »Als Bürger mit türkischem Migrationshintergrund fühle ich mich also persönlich betroffen und verstand sofort, dass die Mord- und Bombenanschläge auch mir gegolten haben« (Keltek, 2017, S. 191).

Die Angriffe auf geflüchtete Menschen und Unterkünfte für Asylsuchende sind seit den 1990er Jahren unverändert fortgesetzt worden. Lediglich das gesellschaftliche und mediale Interesse hat sich über die Jahre verändert.

So ist infolge der Kontinuität der Gewalt zwischen Hoyerswerda und Lübeck damals und Weissach, Hannover und Freital in den letzten Jahren eine erschreckende Bilanz der Gewalt zu verzeichnen.

Bei körperlicher Gewalt haben Rassismus und Hass eine besondere Auswirkung auf die Betroffenen. Laut einem Informationsblatt des Europäischen Netzwerks gegen Rassismus zu rassistischer Gewalt und der Unterstützung von Opfern schaden zwar alle Straftaten in der einen oder anderen Art und Weise. Rassistisch motivierte Straftaten bzw. »hate crimes« schaden jedoch mehr im Vergleich zu Straftaten, bei denen keine extremistische oder rassistische Motivation der Täter*innen vorhanden ist (Siklossy u. Iganski, 2009, S. 5).

5 Reaktionen von Betroffenen und die psychischen Folgen von Rassismus

Es ist irreführend, Rassismusbetroffene als homogene Gruppe zu betrachten, deren Rassismuserfahrungen vergleichbare psychische Belastungen hervorrufen. Eine derartige Haltung ist kontraproduktiv. Alle Menschen verfügen über individuelle Risiko- und Schutzfaktoren bei psychischen Belastungen und bei der Verarbeitung von Gewalt- und Unterdrückungserfahrungen. Wie bei allen Menschen spielen auch bei Rassismusbetroffenen die jeweilige Lebenssituation, die Biografie, der Zugang zu sozialer Unterstützung usw. eine wesentliche Rolle bei dem Umgang mit belastenden Situationen.

5.1 Rassismus und Stress

Neben den heterogenen Lebenserfahrungen gehört erhöhter Stress zu den Gemeinsamkeiten der Erfahrungswelt von Rassismusbetroffenen. Sie leiden nicht nur unter dem Alltagsstress unserer modernen gesellschaftlichen Anforderungen, sondern auch unter Stress, der spezifisch mit Rassismus als Lebenserfahrung/-realität verbunden ist.

Die Entstehung der täglichen Stressreaktion ist unter anderem von rassistischen Diskriminierungserfahrungen beeinflusst. Strukturelle Benachteiligung bedeutet u. a. einen niedrigen Bildungsstand, niedriges Einkommen und deswegen einen stressreichen Arbeitsalltag und oft finanzielle Sorgen. In der Öffentlichkeit verursachen Interaktionen mit Fremden (meist *weißen*), die unbewusst und/oder bewusst rassistisch handeln, zusätzlichen Stress.

Unter Rassismusforscher*innen ist es unumstritten, dass bei dem Zusammenhang zwischen rassistisch relevanten Stressoren (»racial stressors«) und negativen gesundheitlichen Folgen eine zuverlässige Evidenz erkennbar ist (Chakraborty u. McKenzie, 2002. S. 475; Harrell, 2000. S. 44; Danoff-Burg, Prelow u. Swenson, 2004, S. 209–210; Carter, 2007). Dennoch ist wenig bekannt, wie rassistisch relevante Stressoren die Gesundheit negativ beeinflussen. Eine mögliche Erklärung bieten Studien, die sich mit den Zusammenhängen zwischen Belastungen durch mit Rassismus verbundenem Stress und physiologischer Dysregulation beschäftigen. Beispielsweise weisen die Untersuchungen von Richman und Jonassaint (2008) darauf hin, dass Stress, der nach kürzlich erfahrenem Rassismus erlebt wird, die physiologische Stressreaktion (z. B. den Cortisolpegel) von Afroamerikaner*innen nachhaltig beeinflusst (Richman u. Jonassaint, 2008, S. 105). Bereits vor zwanzig Jahren haben Wissenschaftler*innen den theoretischen Rahmen für den Stressor Rassismus entwickelt. Beispielsweise ging Harrell (2000) in ihrer Arbeit über die multidimensionale Konzeption von rassismusbezogenem Stress davon aus, dass sich dieser in sechs Typen einordnen lässt (Harrell, 2000, S. 45 f.), die für die Entwicklung rassimussensibler Behandlungskonzepte und Präventionsmaßnahmen eine hilfreiche theoretische Grundlage bieten können:

- rassismusbezogene schwerwiegende Lebensereignisse (»racism-related life events«),
- chronischer kontextualisierter Stress (»chronic-contextual stress«),
- stellvertretende Belastung durch Rassismuserfahrungen (»vicarious racism experiences«),
- alltägliche rassismusinduzierte Mikrostressoren (»daily racism micro stressors«),
- kollektive rassistische Erlebnisse (»collective experiences«),

– transgenerationale Transmission bzw. generationsübergreifende Weitergabe von rassismusbezogenem Trauma (»transgenerational transmission«).

Obwohl kaum Langzeitstudien zu rassismusbedingtem chronischem Stress in Deutschland existieren, lässt sich anhand der Erfahrungsberichte von Rassismusbetroffenen und qualitativen Studien wie jener von Velho (2016) ein Zusammenhang zwischen wiederholten Rassismuserfahrungen und Stressdysregulation sowie negativen Gesundheitsfolgen vermuten.

Neben den obengenannten Erkenntnissen wäre es für die psychosoziale Unterstützung von Geflüchteten hilfreich zu wissen, welche Rolle diese bei der Entstehung und dem Krankheitsverlauf bei einer posttraumatischen Belastungsstörung (PTBS) spielen. Nach einer systematischen Übersichtsarbeit von Kirkinis, Pieterse, Martin, Agiliga und Brownell (2018) weisen zahlreiche aktuelle US-amerikanische Studien eine Verbindung zwischen Rassismus und PTBS nach (Kirkinis et al., 2018, S. 1). Inzwischen wächst die Zahl von Wissenschaftler*innen in Deutschland, die Rassismuserfahrungen als traumatisierende Ereignisse oder Serien von Ereignissen einordnen (u. a. Bolla-Bong, 2012; Yeboah, 2017; Sequiera, 2015; Kilomba, 2008). Wenn Rassismuserfahrung als traumatisierende Erfahrung gilt, ist damit eines der wichtigsten Diagnosekriterien für PTBS nach ICD-11 (die 11. Version der Internationalen statistischen Klassifikation der Krankheiten und verwandter Gesundheitsprobleme) erfüllt. Somit stellt sich die Frage, warum Rassismus in der klinischen Arbeit und Forschung mit Bezug auf Trauma in Deutschland kaum beachtet wird. In Arbeitskreisen, Supervisions- und Intervisionssitzungen, auf Fachtagungen und in Expert*innenvorträgen werden immer wieder Beispiele berichtet über die Verbindung zwischen rassistischen Aus-

grenzungen, Diskriminierung und Gewalt einerseits und Stresssymptomatiken sowie Symptomen, die auf Traumafolgeerkrankungen bei Betroffenen hinweisen, andererseits. Ratsuchende, die sich an die psychologische Beratungsstelle für Betroffene von rechter, rassistischer und antisemitischer Gewalt Berlin (OPRA von ARIBA e. V.) wenden, berichten oft von der typischen Stresssymptomatik, auch wenn keine posttraumatische Belastungsstörung (PTBS) oder anderen Traumafolgestörungen vorliegen. Diese Klient*innen berichten häufig von langjährigen und konstanten Rassismuserfahrungen sowie über chronischen Stress, der in einigen Fällen bereits seit dem Grundschulalter anhält. Bei der Erhebung des psychopathologischen Befundes bei dieser Klient*innenpopulation wurden folgende Symptome beobachtet oder von den Ratsuchenden berichtet:
- Onychopagie (Fingernägelkauen),
- Ohrgeräusche (Tinnitus, Hörsturz),
- Muskelverspannungen,
- flache und schnelle Atmung,
- motorische Unruhe (z. B. nervöses Zappeln mit den Beinen),
- nächtliches Zähneknirschen,
- Gefühl der Erschöpfung, ständige Müdigkeit,
- Konzentrationsschwierigkeiten und eingeschränkte Merkfähigkeit.

5.2 Rassistisch motivierte Gewalttaten mit kollektiver Wirkung

Wenn eine Person aus rassistischen Beweggründen angegriffen wird, ist das als Botschaft an alle, die durch die *weiße* dominante Mehrheit als »Nicht-Deutsch« konstruiert werden, gemeint. Rechte oder rassistisch motivierte Gewalttaten verbreiten ein kollektives Gefühl der Bedrohung, Angst und Verletzlichkeit. Unabhängig davon, ob rechte Gruppen sich zu einer Tat bekennen oder ob die Ermittlungsbehörden kein rassistisches Motiv feststellen können, können Rassismusbetroffene genau sagen, ob mit einer Tat alle »Zugehörigen« einer rassifizierten Minderheit gemeint sind. Noch vor der NSU-Enthüllung war die kollektive Intention der Täter*innen den Hinterbliebenen der NSU-Verbrechen deutlich. Nach zahlreichen Brandanschlägen auf Unterkünfte für Geflüchtete nach 2015 sind viele Täter*innen seitens der Ermittlungsbehörden bis heute nicht identifiziert worden. Dennoch ist es allen Betroffenen sofort klar, dass Hass gegen sie als gesamte Gruppe die einzig logische Erklärung für die Taten ist.

Eine nachvollziehbare Konsequenz dessen ist das kollektive Leiden. Wallace, Nazroo und Bécares (2016) stellen in ihrer Langzeitstudie zu den kumulativen Folgen von rassistischer Diskriminierung auf die psychische Gesundheit von ethnischen Minderheiten in Großbritannien fest, dass die Diskriminierung nicht nur das Individuum langfristig psychisch beeinträchtigt. Sie kamen zu dem Schluss: »Jede*r, der*die die Identität bzw. Zugehörigkeit der Zielperson teilt, wird zum Ziel. Mitglieder der Community erleben eine kollektive Angst und fühlen sich von Zeit zu Zeit verletzlich in Bezug auf Belästigung und Gewalt aufgrund ihrer Identität« (Wallace et al., 2016, S. 1299 f., Übersetzung d. Verf.).

Demzufolge ist es wichtig, dass Praktiker*innen in der psychosozialen Versorgung von Geflüchteten erkennen, dass auch die Klient*innen, die nicht über eigene rassistische Gewalterfahrungen berichten, ähnliche Symptome aufweisen können wie direkt Betroffene. Sekundäre Traumatisierung von Angehörigen, nahestehenden Personen und Augenzeug*innen nach rassistischen Gewalttaten kommt nicht weniger häufig vor als bei nicht-rassistisch induzierten Traumata. Der elementare Unterschied liegt darin, dass die Gruppenidentität (»racial identity«) und selbstdefinierte Gruppenzugehörigkeit entscheidend ist für das Gefühl, selbst angegriffen zu sein. Wie die Maxime der Widerstandsbewegung während der südafrikanischen Apartheidsära lautete: »An injury to one is an injury to all.«

Es ist wichtig, anzuerkennen, dass Klient*innen unterschiedlich und individuell auf Rassismus reagieren, und dennoch macht die kollektive Viktimisierung deutlich, dass in dieser sehr diversen Gruppe auch Gemeinsamkeiten bestehen. Einige Gemeinsamkeiten sind zu erkennen in der Art und Weise, in der über Rassismuserfahrungen berichtet wird.

5.3 Praxiserfahrungen

Die Gründe, warum Rassismusbetroffene selten über Diskriminierungserfahrungen berichten, sind vielfältig. Die folgenden Beschreibungen und Berichte beziehen sich überwiegend auf die Arbeit mit Opfern rechter Gewalt bei der Beratungsstelle OPRA von ARIBA e.V. in Berlin.

Bei vielen Klient*innen ist eine Normalisierung von Rassismuserfahrungen zu beobachten. Normalisierung beschreibt den Prozess, wodurch Rassismus als unveränderbar, als dominante Lebensrealität und Status quo erlebt wird. Beratungskonzepte mit einem lösungsorientierten Schwerpunkt sind herausgefordert, ein passendes Angebot für diese Klient*innen zu finden. Grund dafür ist, dass die Klient*innen zwar ein Problemverständnis mitbringen, das Problem jedoch als unüberwindbar und die Chancen auf Veränderung als aussichtslos betrachten.

Viele setzen »Energie sparen« als Methode zum Selbstschutz ein. Sich gegen Rassismus zu wehren, kostet Kraft und Energie. Durch Alltagsrassismus und strukturelle Diskriminierung beklagen Betroffene, wenig Energiereserven zu haben. Hinzu kommen Überlegungen seitens der Rassismusbetroffenen, ob deren Gegenüber die Wirkung eines rassistischen Verhaltens nachvollziehen kann. Sie sind sich oft nicht sicher, ob Betreuer*innen, Berater*innen und Psychotherapeut*innen verstehen, warum sie sich rassistisch behandelt fühlen oder was Rassismus ist. Sie sind sich bewusst, dass von ihnen erwartet wird, ausführlich zu erklären, worum es geht, und am Ende besteht dennoch das Risiko, dass das Gegenüber die rassistischen Aspekte immer noch nicht verstanden hat. Eine genaue Abwägung, ob die Betroffenen sich auf die Auseinandersetzung einlassen oder lieber »Energie sparen«, gehört zu den zentralen Copingstrategien in der Bewältigung der psychischen Folgen von Rassismuserfahrungen.

Der Alltag von vielen Migrant*innen und Geflüchteten ist von einem Dankbarkeitsdilemma geprägt. Einerseits haben sie das Gefühl, dass von ihnen verlangt wird, dankbar zu sein, dass sie in Deutschland leben dürfen. Einige bemühen sich, den Eindruck der Dankbarkeit aufrechtzuerhalten, weil sie das Gefühl haben, »Enttäuschung« bei *weißen* Gegenübern wahrnehmen zu können, wenn sie das nicht täten. Andererseits hat diese meist unbewusste rassistische und paternalistische Erwartung negative Auswirkungen auf das Beschwerdeverhalten von Rassismusbetroffenen. Sie befürchten, dass Beschwerden in Bezug auf Rassismus von der dominanten *weißen* Gesellschaft als Undankbarkeit interpretiert werden könnten. Dementsprechend bestehen erhebliche Hemmungen, *weißen* Therapeut*innen oder Berater*innen von Rassismuserfahrungen zu erzählen, unabhängig davon, ob diese bewusst oder unbewusst Dankbarkeit erwarten oder nicht. Die innerliche Verwirrung wird dadurch verstärkt, dass die betroffene Person oft nicht unterscheiden kann, ob Dankbarkeit tatsächlich verlangt wird oder sie nur das Gefühl hat, dass diese erwartet wird. Hiermit wird nicht ausgeschlossen, dass eine Person mit Fluchterfahrung ein tiefgreifendes Gefühl von Dankbarkeit erleben kann. Nur empfinden viele, dass »sichtbare« Dankbarkeit *weißen* gegenüber, beim Zugang zu Hilfe und Dienstleistungen, zu den ungeschriebenen Regeln gehört. Viele Geflüchtete setzen sich unter enormen Druck, nicht als Störende aufzufallen, aus Angst davor, noch mehr Diskriminierung zu erleben oder als schwierig oder problematisch bewertet zu werden. Betroffene, bei denen noch eine Entscheidung des Asylantrags aussteht, haben zwangsläufig Angst davor, dass jeder Versuch, sich zu wehren, zur Gefährdung des Aufenthaltsstatus oder anderen Sanktionen führen könnte.

Bei näherer Betrachtung kann die Rolle der intrapsychischen Faktoren nicht außer Acht gelassen werden. Exemplarisch hierfür ist der Prozess der Verdrängung. Historisch gesehen blieb Rassismusbetroffenen seit dem Zeitalter des Kolonialismus und Sklavenhandels nichts anderes übrig, als die eigene Unterdrückung und das damit verbundene Leid zu verdrängen. Wir gehen davon aus, dass auch diese adaptive Verhaltensweise durch soziales Lernen transgenerational weitergegeben wird.

Folgende Zitate aus der Arbeit mit Opfern rechter, rassistischer und antisemitischer Gewalt verdeutlichen den gesellschaftlichen Druck, unter dem Rassismusbetroffene stehen und welche Erwartungen an sie gestellt werden:
- »Ich habe doch nichts getan.«
- »Ich habe mich immer korrekt und unauffällig verhalten.«
- »Ich zahle doch Steuern und habe endlich einen deutschen Pass.«
- »Hier sind Ausländer, die Stress machen. Wir sind aber nicht alle so.«
- »Ich hatte noch nie Probleme mit der Polizei und habe noch nie eine Strafe für irgendwas bekommen.«
- »Ich bin nicht wie die anderen, ich habe Deutsch gelernt.«

Die Zitate zeigen, dass es Geflüchteten wohl bewusst ist, in welchem (Ohn-)Macht(s)verhältnis sie zu der *weißen* deutschen Gesellschaft stehen. *Weiße* Praktiker*innen der psychosozialen Versorgung von Geflüchteten sind auf zwei Ebenen herausgefordert. Zunächst werden sie von BPOC-Klient*innen als Teil des Unterdrückungssystems gesehen. Diese Ebene der Wahrnehmung und Einordnung ist Bestandteil der Barrieren, die zwischen BPOC und *weißen* Therapeut*innen bzw. Berater*innen stehen, und macht eine Begegnung auf »Augenhöhe« unmöglich. Gleichermaßen sind Dynamiken auf der Beziehungsebene vorhanden, bei denen rassismusbetroffene Klient*innen sich automatisch in eine untergeordnete kolonialistische Rolle begeben. Diese Rollendynamik geht über das Rollenverständnis der Therapeut*innen als Expert*innen und der Ratsuchenden als Laien hinaus. Zum Beispiel kommt es vor, dass BPOC-Klient*innen ihr Dasein in Deutschland rechtfertigen, indem sie ihre Therapeut*innen »beruhigen«, dass sie rassistischen negativen Stereotypen über »Migrant*innen« nicht entsprechen. In Kapitel 7 wird auf die Dynamiken zwischen BPOC-Klient*innen und (insbesondere) *weißen* Berater*innen/Therapeut*innen näher eingegangen.

Im Folgenden werden einzelne psychische Reaktionen auf rassistisch bedingte Traumata vorgestellt. Es handelt sich hier jedoch nicht um eine Auflistung direkter Kausalität. Die besondere Wirkung und Rolle rassistischer Erfahrungen bei der Entstehung und Exazerbation von Traumata werde in der Traumaforschung in Deutschland relativ wenig thematisiert. Aus diesem sind Erkenntnisse aus der Praxis umso wichtiger für die fachliche Auseinandersetzung mit den Thema Rassismus im Kontext von Traumabehandlung und Beratung.

Folgende psychische Reaktionen sind in der Praxisarbeit der Autor*innen in dem Projekt OPRA – Psychologische Beratung für Opfer rechtsextremer, rassistischer und antisemitischer Gewalt sowie in Betreuungseinrichtungen für unbegleitete minderjährige Geflüchtete beobachtet worden. Copingstrategien und adaptive Verhaltensweisen wurden zusammengestellt aus den Berichten von Hunderten rassismusbetroffenen Personen.

Enttäuschung
Viele Migrant*innen und Geflüchtete erleben infolge eines rassistischen Vorfalls Enttäuschung. Sie sind enttäuscht über sich selbst und über das deutsche Rechtssystem. Enttäuscht, weil sie dachten, dass Gerechtigkeit hier in Europa einen höheren Wert hat als woanders. Ebenso sind sie enttäuscht über die Aufnahmegesellschaft, die Schutz, Unterstützung und Wohlbefinden verspricht und dann in dieser Situation ablehnt. Die unzufriedenstellende Aufklärungsquote bei rassistisch motivierten Straftaten und insbesondere bei Angriffen auf Geflüchtete und Unterkünfte für Geflüchtete hat zur Folge, dass die Betroffenen einen absoluten Vertrauensverlust in die Sicherheitsbehörden und die Politik erleben. Dies führt dazu, dass viele sich auf emotionaler Ebene alleingelassen und schutzlos fühlen. Viele fragen sich, warum sie überhaupt den Weg auf sich genommen haben, hierher zu flüchten. Andere berichten, dass sie darüber nachdenken, das Land zu verlassen.

Unsichtbarkeitssyndrom
Betroffene berichten, dass sie nicht nur im Alltag, sondern auch bei der Suche nach Hilfe infolge rassistischer Erlebnisse immer wieder die Erfahrung machen, dass sie nur noch als hilfsbedürftig, schwach und wertlos betrachtet werden. Sie bekommen das Gefühl, dass ihre Fähigkeiten, Fertigkeiten, ihre Intelligenz und Persönlichkeit unbeachtet gelassen werden.»Dies bezieht sich auf negative wie auf positive Zuschreibungen und Pauschalurteile. So werden

häufig nur solche Qualitäten angesprochen und anerkannt, die bestimmten Stereotypen und rassistischen Bildern […] entsprechen« (Louw, 2018, S. 67). Zum Beispiel berichteten Schwarze bzw. POC-Klient*innen, dass sie folgende Aussagen/Fragen bei Behörden, Hilfeeinrichtungen und von ehrenamtlichen Unterstützer*innen gehört haben:

- »Die Schwarzen sind hart im Nehmen und Gewalt gewöhnt. Sie haben sozusagen mehr Resilienz als wir Deutschen.«
- »Es ist wahrscheinlich schwer für Sie, die Traumata alleine verarbeiten zu müssen. Sie sind ja unseren Individualismus hier nicht gewohnt. Die kollektive Gesellschaftsform liegt doch Ihren Leuten viel näher.«
- »Bei Afrikanern und Asiaten bin ich besonders schlecht darin, deren Alter zu schätzen. Anders als bei uns Deutsche sehen sie einfach jung aus, egal wie alt sie sind.«
- »Alle Schwarzen können super tanzen und trommeln, das ist bei denen einfach im Blut.«

Auch wenn solche Aussagen gut gemeint sind, fühlen sich Betroffenen dabei missachtet, ignoriert, nicht wertgeschätzt und auf rassistische Stereotype reduziert. Sie erleben ein Gefühl der Unsichtbarkeit. Dieser innere Evaluierungsprozess (und die damit einhergehende Gefühlslage) entsteht durch das Erleben von Mikroaggressionen. Viele Praktiker*innen sind sich der Existenz und Wirkung ihrer Vorurteile in dieser Hinsicht nicht bewusst.

Der Wunsch, unsichtbar zu sein
Der Wunsch, sich gesellschaftlich so anzupassen oder zu assimilieren, dass sie von einer *weißen* dominanten Gesellschaft akzeptiert werden, ist bei vielen Migrant*innen sehr stark. Rassismuserfahrungen transportieren eine doppeldeutige Botschaft an die Menschen mit diesem Wunsch. Einerseits sollen rassifizierte Menschen nicht durch ihr

Verhalten im öffentlichen Raum auffallen und die Utopie eines *weißen*, christlichen Europas stören. Andererseits werden sie immer wieder darauf hingewiesen, dass sie »anders«, exotisch und nicht von hier seien. Die Botschaft, die vermittelt wird, fordert Migrant*innen und migrantisierte Deutsche auf, zu jeder Zeit Stellvertreter*innen eines*einer imaginären anderen/der Imagination des anderen zu sein. Franklin und Boyd-Franklin (2000) nennen derartige innere Evaluierungsprozesse und adaptive Verhaltensweisen »invisibility syndrome« (Unsichtbarkeitssyndrom; Franklin u. Boyd-Franklin, 2000, S. 39.).

5.4 Rassismusinduzierte Störungsbilder

Am Anfang des Kapitels sind wir bereits auf Rassismus als gesundheitsschädigenden Stressor und die Rolle von Rassismuserfahrungen bei der Entstehung von Traumafolgestörungen eingegangen. Im Folgenden beschreiben wir anhand eines Beispiels aus der Praxis und eines Blicks auf die relevante Forschung mögliche psychische Folgen von Rassismuserfahrungen.

Dass Rassismus bzw. rassistische Diskriminierung psychisch belasten und psychische Störungen hervorrufen kann, ist inzwischen auch in Deutschland bekannt. Beispielsweise belegen Igel, Brähler und Grande (2010) einen Zusammenhang zwischen Diskriminierungserfahrungen und subjektiver Gesundheit von Migrant*innen. US-amerikanische Studien zeigen, dass Rassismus die psychologische und körperliche Gesundheit von nicht-*weißen* Menschen negativ beeinflusst (Crocker, 2007, S. 1).

In Anlehnung an die Arbeit von Paradies et al. (2015) kann rassistische Diskriminierung im Kontext von rassismusbetroffenen Geflüchteten in Deutschland als wesentlicher Risikofaktor für die Entwicklung psychischer Störung beschrieben werden. Durch rassistische Diskriminierung entstehen zum einen Zugangsbarrieren zu gesundheitsfördernden Ressourcen und Dienstleistungen sowie zu psychotherapeutischer oder psychiatrischer Behandlung. Zum anderen haben psychische Anspannungen und Stressreaktionen eine direkte Vulnerabilität für die Entwicklung von Störungsbildern zur Folge. Zudem sind Opfer von rassistischer Gewalt gefährdet, ein breites Spektrum an Traumafolgestörungen zu entwickeln. Anhand einer Metaanalyse von 293 Studien zum Thema Gesundheitsfolgen von Rassismus lässt sich belegen, dass ein klarer Zusammenhang besteht zwischen Rassismus und psychischen Erkrankungen (u. a. Depressionen und Angststörungen; Paradies et al., 2015, S. 1). Dass das gleichzeitige Bestehen mehrerer Krankheiten bei einer einzelnen Person häufig unter Rassismusbetroffenen vorkommt, zeigt folgendes Fallbeispiel:

Eine vierköpfige geflüchtete Familie wurde über Monate hinweg von ihrem direkten Nachbarn rassistisch beschimpft, bedroht und immer wieder körperlich verletzt. Außerdem wurden die Kinder, die im Hof spielten, sowie die Wohnungstür gefilmt. Wiederholt wurde versucht, die Wohnungstür in Brand zu setzen. Der Nachbar schikanierte die Familie außerdem, indem er beispielsweise den Aufzug blockierte. Die Polizei leitete keine rechtlichen Schritte ein, und die Hausverwaltung zeigte zunächst keine Reaktion auf das Verhalten des Nachbarn. Die Familie fühlte sich nicht ernst genommen, war ständiger Angst ausgesetzt und schränkte ihr Leben durch die akute Bedrohung immer weiter ein. So konnte sie, aus Angst vor erneuter Brandstiftung, nachts nur in einem gemeinsamen Zimmer und sehr unruhig schlafen. Zudem verließ die Familie immer seltener und nur noch gemeinsam das Haus. Die tatsächlichen Begegnungen, aber auch die bloße Vorstellung, den Täter zu treffen, löste bei den Familienmitgliedern starke Angstzustände aus. Die Mutter befand sich in dauerhafter körperlicher Anspannung, was sich später in Angstzuständen, sozialem Rückzug (Aussetzung des Deutschkurses) und somatischen Symptomen (u. a. Haarausfall) niederschlug. Außerdem berichteten die Eltern, schon vor Beginn der rassistisch motivierten Angriffe unter Schlafstörungen, Depression, Essstörungen und posttraumatischer Belastungsstörung gelitten zu haben.

Rassismus und Persönlichkeit
Abgesehen von den Folgen für die psychische Gesundheit erleben Betroffene von rassistischer Diskriminierung in verschiedenen Lebensbereichen, dass sich ihr Wesen verändert. Exemplarisch für diesen Effekt ist, dass von Rassismus betroffene Geflüchtete scheinbar in diversen Situationen Verhaltensweisen zeigen, durch die sie als »schwierig« stigmatisiert werden können. Ratsuchende berichten, dass sie sich in diesen Situationen selbst nicht wiedererkennen. Viele Praktiker*innen in der psychosozialen Unterstützung von Geflüchteten wissen sicherlich von der ein oder anderen Person, dass diese sich bemüht, sich anzupassen, sich dann aber scheinbar selbst Steine in den Weg legt. Das kann geschehen, indem sich die Person selbst sabotiert, schwer zu motivieren ist und gewissermaßen sich selbst, eigene Interessen oder existenzielle Angelegenheiten vernachlässigt. Für die beratungs- und therapeutische Arbeit kann dies herausfordernd sein. Dennoch ist zu beachten, dass destruktive äußere Faktoren und soziale Unterdrückungsmechanismen verantwortlich sind für die innere Resignation, die Klient*innen erleben. Konstante Demütigung und Abwertung greifen zwangsläufig die Identität und Persönlichkeit an (Keval, 2001). Wiederholte Diskriminierungserfahrungen bahnen den Weg, dass rassistische Stereotypen bestätigt werden.

Sutin, Stephan und Terracciano (2016) gelangen in ihrer Arbeit über Diskriminierung und Persönlichkeitsentwicklung zu dem Schluss, dass Diskriminierung langfristig dazu führt, dass sich das Persönlichkeitsprofil von Betroffenen in Bezug auf drei Punkte verändert. Zum einen werden sie emotional instabiler und anfälliger für depressive Verstimmungen. Gleichzeitig nimmt ihre Gewissenhaftigkeit ab – sie haben zunehmend Probleme mit ihrer Selbstdisziplin und Motivation. Schließlich werden sie trotzig und aufbrausend, gewissermaßen »unsozialer« (Sutin et al., 2016, S. 155). Die Ergebnisse dieser Studie zeigen, wie die Folgen rassistischer Diskriminierungserfahrungen dann genau die rassistischen Vorurteile über Migrant*innen und Geflüchtete bestätigen und rassistische Bilder verfestigen können.

Rassismusinduziertes selbstverletzendes Verhalten
Darüber hinaus haben Diskriminierungserfahrungen oftmals zur Folge, dass die Betroffenen selbstverletzendes Verhalten und ein erhöhtes Suizidrisiko zeigen. Besorgte Eltern besuchten über die Jahre immer wieder die Beratungsstelle OPRA von ARIBA e. V. in Berlin, weil ihre Kinder in der Schule rassistisch diskriminiert wurden. Neben alltäglicher Diskriminierung wegen Hautfarbe und Herkunft sowie rassistischem Mobbing sind die Beschwerden vielfältig. Zunehmend werden die Folgen von eurozentrischem Lernmaterial auf den Selbstwert und die soziale Entwicklung von rassifizierten Kindern und Jugendlichen sichtbar. Die Eltern berichteten, dass sie beobachteten, dass ihre Kinder sich minderwertig gegenüber *weißen* fühlten und verhielten. Dementsprechend ist ein stetiger Zuwachs an Sorgen bei Eltern von BPOC-Kindern zu beobachten. Sie machen sich diese, weil (a) positive Narrative über den globalen Süden in dem Lehrmaterial fehlen, (b) dunkle Hautfarbe überwiegend mit negativen Eigenschaften verknüpft wird, (c) Kinder durch Geschichtsbücher und Märchen lernen, sich in einer rassistischen Machthierarchie zu verorten.

Carter und Carter (1947) illustrieren die Wirkung von Rassismus im sozialen Lernen auf die Selbstwertentwicklung in ihrem Doll-Test-Experiment. Sie stellten im Experiment fest, dass
- Schwarze Kinder es bevorzugten, mit *weißen* statt Schwarzen Puppen zu spielen,
- Schwarze Kinder die Schwarzen Puppen als »schlecht« bewerteten,
- etwa ein Drittel der Schwarzen Kinder sich eine *weiße* Puppe aussuchte, als sie aufgefordert wurden, eine Puppe auszusuchen, die wie sie selbst aussah.

Gibson, Robbins und Rochat (2015) gelangten in ihrer Studie zu ähnlichen Ergebnissen und konnten belegen, dass die Tendenz, *weiße* gegenüber Schwarzen Puppen zu bevorzugen, sich nicht nur auf Schwarze Kinder beschränkt: *Weiße* und Proband*innen mit unterschiedlichen ethnischen Hintergründen zeigten alle eine signifikante Präferenz für *weiße* gegenüber Schwarzen Puppen.

Bei OPRA ist in den vergangenen Jahren unter den Ratsuchenden zunehmend selbstverletzendes Verhalten bei Schwarzen Kindern und Jugendlichen beobachtet worden. Exemplarisch hierfür sind die zahlreichen Beratungen mit Eltern, die berichten, dass ihre Schwarze Kinder versuchen, sich selbst »heller« zu machen, indem sie die Haut blutig kratzen oder ritzen. Wenngleich diese Fallberichte nur als »anekdotische« Evidenz gewertet werden können, kann der mögliche Zusammenhang zwischen Rassismuserfahrungen und selbstverletzendem Verhalten nicht außer Acht gelassen werden. Hinzu kommt, dass in den letzten Jahren mehrere Fälle von Suizid unter sogenannten Schüler*innen mit Migrationshintergrund bekannt wurden, bei denen eine hohe Wahrscheinlichkeit besteht, dass sie Opfer rassistischen Mobbings waren. Derartige Entwicklungen geben Anlass zu Sorge.

5.5 Viktimisierungsprozesse

Basierend auf den Berichten aus den Medien und Opferberatungsstellen werden geflüchtete Personen in Deutschland täglich Opfer von rassistisch motivierten Straftaten. Jede*r Betroffene*r durchläuft einen Prozess des Opferwerdens, der in drei Phasen unterteilt werden kann: primäre, sekundäre und tertiäre Viktimisierung. Während primäre Viktimisierung direkt aus der Gewalttat hervorgeht, sind soziale Prozesse verantwortlich für die Entstehung von sekundärer und tertiärer Viktimisierung.

In diesem Kapitel beschränken wir uns auf die Beschreibung der Auswirkungen von sekundärer Viktimisierung. Grund dafür ist, dass dieses Handlungsfeld mehr Interventionsmöglichkeiten für Berater*innen und Psychotherapeut*innen bietet. Gleichzeitig besteht hier ein höheres Risiko, dass Praktiker*innen die Viktimisierungsprozesse negativ beeinflussen im Vergleich zu den beiden anderen Viktimisierungsstufen. Louw (2018) beschreibt sekundäre Viktimisierung folgendermaßen:

»Der Begriff sekundäre Viktimisierung beschreibt einen Prozess, in dem das Opfer einer Straftat erneut zum Opfer wird. Gemeint ist [eine Verschlimmerung der Folgen einer primären Viktimisierung aufgrund unangemessener Reaktionen seitens Menschen aus dem sozialen Umfeld und Hilfsinstitutionen.] Die negativen Folgen resultieren also nicht unmittelbar aus der Straftat selbst, sondern aus den Reaktionen der sozialen Umwelt und aus der Art und Weise der Behandlung durch Personen oder Institutionen, mit denen das Opfer nach der Straftat zu tun hat. [...] Dazu gehören etwa Bagatellisierungen des rassistischen Tatmotivs, das Gelangweilt- oder Genervtsein, wenn Betroffene über Rassismuserfahrungen berichten und das Unterstellen einer Mitschuld« (Louw, 2018, S. 69).

Sekundäre Viktimisierungen treten aber auch dann auf, wenn nahestehende Personen die Betroffenen nicht ernst nehmen, nicht zuhören oder überfürsorglich, aufdringlich und distanzlos sind. Insbesondere fühlen sich Betroffene erneut zum Opfer gemacht, wenn Angehörige oder nahestehende Personen ihnen eine Mitschuld vorwerfen. Dieses Verhalten ist auch als »blaming the victim« bekannt. Im Rahmen einer Studie im Auftrag der Beratungsstelle EZRA – Beratung für Betroffene rechter, rassistischer und antisemitischer Gewalt in Thüringen wurden die Reaktionen von Betroffenen auf Aussagen wie folgende statistisch erfasst: »Dritte haben mir vorgeworfen, selber schuld für die Eskalation der Situation gewesen zu sein.« Die Autor*innen dieser Studie bestätigen, dass »bezüglich dieser Aussage etwa ein Drittel der Befragten von Sekundärer Viktimisierung aufgrund der Reaktion des sozialen Umfeldes betroffen sind« (Quent, Geschke u. Peinelt, 2018, S. 34). Die EZRA-Studie zeigt, »dass über ein Fünftel der befragten [Opfer von rassistisch motivierten Straftaten] sich durch die Polizei als Täter_in und nicht als Opfer einer Straftat behandelt fühlte« (Quent et al., 2018, S. 33).

Außerdem entsteht sekundäre Viktimisierung aus dem Fehlverhalten von Zeug*innen. Betroffene berichten häufig, dass sie sich während eines rassistisch motivierten Angriffs allein und auf sich gestellt fühlten, wenn Zeug*innen nicht halfen. Es kommt vor, dass Passant*innen nicht reagieren oder das Geschehen ignorieren. Betroffene interpretieren dieses Verhalten als Gleichgültigkeit und Desinteresse. Neben der Gefahr, Opfer körperlicher Angriffe zu werden, besteht die Gefahr, dass Betroffene das Verhalten der Beobachter*innen als Billigung interpretieren. Dies kann unmittelbar zu einer Verstärkung des Viktimisierungsprozesses führen (Siklossy u. Iganski, 2009, S. 4).

6 Herausforderungen und Möglichkeiten in Beratung und Therapie

Es wird heute in Fachkreisen nicht mehr bezweifelt, dass der Erfolg einer Psychotherapie oder eines Beratungsprozesses stark von der therapeutischen oder Arbeitsbeziehung zwischen Therapeut*in und Klient*in abhängig ist. Die Wirksamkeit einer Psychotherapie ist nicht nur von den Behandlungsmethoden, sondern auch von der Mitwirkung von Klient*innen (d.h. Compliance) und der professionellen Beziehung zwischen Klient*in und Berater*in/Therapeut*in abhängig. Die Beziehungsgestaltung zwischen *weißen* Therapeut*innen/Berater*innen und rassismusbetroffenen Klient*innen kann besonders herausfordernd sein, wenn Klient*innen of Color den Eindruck bekommen, dass ihr*e Therapeut*in/Berater*in Vorurteile hat oder ihre, von Rassismus und Ausgrenzung geprägte, Lebensrealität nicht versteht. Die Mechanismen, mit denen aversiver Rassismus und Mikroaggressionen in therapeutischen oder beraterischen Settings operieren, werden nachfolgend an Beispielen verdeutlicht.

Klient*innen werden auf subtile Art und Weise in ein Stereotyp bzw. eine kulturelle Schublade gesteckt, wenn Berater*innen/Therapeut*innen kulturelle Unterschiede (real oder imaginiert) hervorheben. Dies hat zur Folge, dass Klient*innen zu »anderen« gemacht werden und eine künstlich hergestellte Distanz in der professionellen Beziehung entsteht. Dadurch »wird eine (scheinbar) unüberwindbare binäre Opposition zwischen ›dem Westen und dem Rest‹ produziert« (Hall, 1994, S. 137. zit. nach Fereidooni u. El, 2017, S. 481). Das Gefühl bei Rassismusbetroffenen, dass die eigene Therapeut*in/Berater*in nicht ausrei-

chend für Rassismus sensibilisiert ist, wird durch scheinbar unschuldige Aussagen und Verhaltensweisen seitens der Therapeut*in/Berater*in ausgelöst. Hier einige Beispiele:
- »Sie sind bestimmt die Kälte hier bei uns in Europa nicht gewohnt. Fahren Sie oft nach Südafrika im Winter?«
- »Ich kann gut verstehen, wenn Ihnen hier alles fremd vorkommt. Sie fühlen sich bestimmt sehr wohl in Ihrem Viertel [sozial schwacher Stadtteil]. Dort ist der Ausländer-/Migrantenanteil ja viel höher als bei uns hier [reicher Stadtteil].«
- »Ah, Sie machen Musik? Bestimmt mögen Sie eher Soul und Blues. Sie haben bestimmt keinen Zugang zur klassischen Musik. Ich kann mir vorstellen, dass sie für Sie viel zu europäisch, zu langweilig ist.«

Die genannten Beispiele bewirken sowohl die Ausgrenzung als auch die Infantilisierung der Klient*innen.

Ein weiteres Beispiel für subtilen Rassismus ist die Verwendung der Anredeform »du« als Angriff und soziale Einordnung. Die unreflektierte Verwendung von »du« kann bei rassifizierten und migrantisierten Personen den Eindruck erwecken, dass ihr Gegenüber sie bewusst oder unbewusst nicht als gleichwertigen Gesprächspartner ansieht. Da diese Form der Mikroaggression nicht intentional geschieht und es den meisten *weißen* Menschen nicht bewusst ist, dass dies rassistisch sein kann, sind sie überrascht und gekränkt, wenn sie darauf hingewiesen werden.

Vorurteile, die sich auf die »nicht typisch deutschen« Namen von Klient*innen beziehen, kommen ebenso verdeckt und subtil in beraterischen und psychotherapeutischen Settings vor. So geschieht es, dass Berater*innen und Therapeut*innen bei dem Namen »Gambadatoun« vermuten, dass der*die Klient*in fremd, Migrant*in und Afrikaner*in mit mangelnden Deutschkenntnissen sei. Zudem geben sich Berater*innen/Therapeut*innen nicht die

Mühe, die Namen von Klient*innen korrekt auszusprechen, oder entscheiden sich, die Klient*innen mit einer »westlichen«, vereinfachten Form des Namens anzusprechen, beispielsweise mit dem Vornamen statt dem Nachnamen oder mit einem Alias.

Die subtilen, meist unkommentierten und kaum wahrnehmbaren Rassismuserfahrungen, die Klient*innen in der Beratung und/oder Therapie machen, führen zu Verunsicherung. Sie empfinden die Sitzungen als belastend. Das geschilderte Verhalten wird als rassistische Mikroaggression erlebt, und betroffene Klient*innen sehen sich dazu gezwungen, zu entschlüsseln/entziffern, ob sie Opfer eines absichtlichen Affronts waren oder nicht. Hinzu kommt, dass sie entscheiden müssen, ob sie reagieren oder nicht. Sprechen sie die Vorkommnisse an, müssen sie oft damit rechnen, dass sie sich gegen den Vorwurf, zu sensibel zu sein, verteidigen müssen. Diese Art der Auseinandersetzung ist wiederum ein Kraftakt für die meisten Betroffenen (Yosso, Smith, Ceja u. Solorzano, 2009, S. 661).

Bei konstanten rassistischen Erfahrungen können Betroffene sich schwer auf psychotherapeutische Beziehungen oder Beratung/Behandlung einlassen. Durch das Erkennen und die wiederholte Überprüfung von Mikroaggressionen in der eigenen Praxis und Verhaltensweisen ist es jedoch möglich, negativen Folgen für die Arbeitsbeziehung mit Klient*innen entgegenzuwirken.

6.1 Machtverhältnisse in Therapie und Beratung

Für die reflexive Beratungspraxis und psychotherapeutische Haltung in der Arbeit mit rassismusbetroffenen Klient*innen ist die Auseinandersetzung mit der folgenden Frage zu empfehlen: Inwiefern berücksichtige und reflektiere ich die Auswirkungen von Machtverhältnissen,

Privilegien und Differenz in meiner Arbeit mit Rassismusbetroffenen und/oder geflüchteten Menschen?

Die bereits angedeuteten Machtverhältnisse beziehen sich insbesondere auf gesellschaftliche Machtverhältnisse und *weiße* Privilegien. Gesellschaftliche Machtverhältnisse regeln die Interaktion zwischen der dominanten, konstruierten, homogenisierten *weißen* Gruppe und rassifizierten, ethnisierten, unterdrückten Gruppen. Dies bezieht sich auf die Machtverhältnisse ebenso wie darauf, wie der Zugang zu Rechten und Ressourcen geregelt wird. Aktuell sind die meisten Berater*innen und Therapeut*innen *weiß*, ebenso wie die meisten Entscheidungsträger*innen, die Rassismusbetroffenen oder geflüchteten Personen begegnen. Wie in der restlichen *weiß*-dominierten Gesellschaft sind Ressourcen, Macht und Privilegien auch innerhalb des psychosozialen Hilfesystems ungleichmäßig verteilt.

Bei *weißen* Privilegien geht es darum, dass *weiß*-Sein als Norm, Unmarkierbarkeit und universal auf verschiedenen gesellschaftlichen Ebenen existiert. Wenn zum Beispiel eine geflüchtete Person erzählt, dass sie gerade vom Arzt kommt, ist der erste Gedanke oder die primäre Vorstellung bei *weißen* Zuhörer*innen, dass es sich um einen *weißen* Arzt handelt. Dass Ärzt*innen *weiß* sind, wird als die Norm gesehen. Wenn die Person dann sagen würde, dass es sich um eine Schwarze Frauenärztin, die ein Kopftuch trägt, handelt und dies beim Zuhörer das Gefühl auslöst, dass es etwas Besonderes sei, außergewöhnlich oder komisch, so ist das ein guter Indikator, dass Ärztin*-Sein mit *weiß*-Sein gleichgesetzt wird. »Wenn ich mich selbst an die Spitze einer von mir erfundenen Hierarchie setze, dann werde ich zur Norm, zum Standard. Dann wird ich sein zu normal sein« (Oggette, 2017, S. 70).

Weiße Privilegien sind schwer anzusprechen, weil die meisten Menschen sich nicht privilegiert fühlen. Privilegien haben dennoch wenig damit zu tun, wie man sich fühlt.

An dieser Stelle ist es sinnvoll, einige *weiße* Privilegien aufzulisten:
- *Weiße* profitieren in *weiß*-dominierten Gesellschaften von einem »Glaubwürdigkeitsbias«, wodurch sie die Erfahrung machen, als ehrlich und glaubwürdig angesehen zu werden. *Weiße* Personen können erfolgreich, intelligent, wortgewandt sein, ohne dass andere davon überrascht sind.
- Sie benutzen Fremdbezeichnungen wie das N-Wort für Schwarze Menschen oder das Z-Wort für Menschen, die der Sinti- und Roma-Minderheit zugehören, ohne selbst fürchten zu müssen, dass sie täglich mit herabwürdigenden Worten fremdbezeichnet werden.
- *Weiße* werden nicht verwechselt mit anderen *weißen*, weil »alle *weißen* gleich aussehen«.

In der Arbeit mit Geflüchteten in psychosozialen Beratungssettings äußern sich *weiße* Privilegien folgendermaßen:
- *Weiße* Fachkräfte können sicher sein, dass ihre Berechtigung, Qualifizierung oder ihre Absichten nicht infrage gestellt werden, wenn sie Klient*innen zu Behörden begleiten.
- *Weiße* Therapeut*innen können zu spät zu einer Sitzung kommen, ohne dass die Verspätung darauf zurückgeführt wird, dass sie *weiß* sind.
- *Weiße* Berater*innen werden selten von ihren Klient*innen darum gebeten, für alle *weißen* zu sprechen.

Die Arbeit mit Sprachmittler*innen ist fester Bestandteil der Beratungssettings in der psychosozialen Unterstützung von Geflüchteten. Dass die Praxis des »cultural matching« in Fachkreisen kritisch hinterfragt und diskutiert wird, ist eine positive Entwicklung. Schriefers und Hadzic (2018) bieten in ihrem Band zur Sprachmittlung in Psychotherapie und Beratung mit geflüchteten Menschen auf eindrucksvolle Weise neue Erkenntnisse.

Es ist ratsam, die Auswahlverfahren für Sprachmittler*innen auf rassistische Fallstricke zu überprüfen, da es möglich ist, dass Menschen aus Gesellschaften nach Deutschland migriert sind, in denen beispielsweise eine starke Verbindung zwischen Klassismus und Rassismus besteht. Bei der Dolmetscher*innenauswahl ist es wichtig, sowohl die Rassismuserfahrungen der betreffenden Klient*innen als auch die Positionierung der Dolmetscher*innen näher zu betrachten. Zum Beispiel kann in der Konstellation *weiße*r* brasilianische Dolmetscher*in und Schwarze*r brasilianische Klient*in das Risiko des Reproduzierens rassistischer Dynamiken bestehen.

Handlungsempfehlungen
Möglicherweise ringen viele Berater*innen und Therapeut*innen sowie die Teilnehmer*innen, die unsere themenspezifische Workshops besuchten, mit Fragen wie:
- Darf ich Rassismus mit Klient*innen zum Thema machen?
- Darf ich rassistisches Verhalten/Aussagen bei Klient*innen ansprechen?
- Wie reagiere ich, wenn meine Klient*in mir Rassismus vorwirft?
- Was mache ich, wenn ich über mein eigenes Verhalten/ Aussagen reflektiere und zu der Erkenntnis gelange, dass dies eventuell rassistisch wirken könnte?

Rassismus thematisieren
Klient*innen riskieren sekundäre Rassismuserfahrungen bereits dann, wenn sie Rassismus thematisieren. Zum Beispiel, wenn eine *weiße* Person ungefragt einen Schwarzen Menschen an die Haare fasst. In der Regel reagieren *weiße* Menschen mit Unverständnis, wenn dieses Verhalten als

rassistisch benannt wird. Oft erleben Schwarze Menschen, dass *weiße* Menschen dieses Verhalten damit begründen, dass
- die Haare so »anders« seien als sie bei »ihnen«, sodass sie diese einfach anfassen müssten;
- die Schwarze Person einfach so süß aussehe mit diesen Haaren;
- es bloß als ein Kompliment gemeint sei, weil die Schwarze Person so »cool« aussehe mit solchen Haaren.

Schwarze Personen, die sich gegen solches Verhalten wehren, müssen in der Regel damit rechnen, dass sie als übersensibel und aggressiv gelten. Die Verantwortung, Rassismus zu thematisieren, liegt deswegen bei den Beschäftigten im psychosozialen Bereich.

Die Thematisierung von Rassismus in der psychosozialen Hilfelandschaft ist herausfordernd, da Gefühle von Ohnmacht und Verzweiflung bei Berater*innen und Therapeut*innen ausgelöst werden können. Bei Workshops mit Berater*innen und Psychotherapeut*innen über die Themen Rassismus, Gewalt und psychosoziale Interventionen führte einer der Autor*innen dieses Bandes anonyme Befragungen zu den primären inneren Reaktionen auf das Thema Rassismus durch. Die Teilnehmenden gaben an, überwiegend mit Gefühlen von Trauer, Angst, Scham, Ohnmacht, Wut, Sorge, Betroffenheit und Fassungslosigkeit zu reagieren. Bei jedem einzelnen Workshop, in dem die Befragung durchgeführt wurde, wurden Angst, Scham und Wut am häufigsten als primäre Reaktion berichtet.

Wenn Rassismusbetroffene über Rassismuserfahrungen berichten, ist es wichtig, dass Praktiker*innen ein beratungs- und therapeutisches Setting schaffen, in dem sie
- diese Erfahrungen als solche anerkennen,
- nicht sekundäre Viktimisierung begünstigen, indem sie die Erfahrungen bagatellisieren, oder relativieren,

- nicht versuchen, herauszuarbeiten, ob genügend Beweise vorhanden sind, oder die Glaubwürdigkeit der Betroffenen infrage stellen,
- sich solidarisch zeigen und Unterstützung anbieten und dennoch nicht in paternalistischen Reaktionismus verfallen.

Es sollte auch erwähnt werden, dass nicht alle Rassismusbetroffenen Rassismus als Problem sehen oder sich bewusst sind, dass sie ein Recht darauf haben, sich zu wehren. Zum Beispiel berichtete eine geflüchtete Frau, die Opfer eines rechten Angriffs war, von einer Vielzahl rassistischer Beleidigungen und dass sie rassistische Diskriminierung an einem Ort in der Nähe der Gemeinschaftsunterkunft, in der sie untergebracht war, erlebt hatte. Sie berichtete etwa, dass Passanten sie mehrmals im Bus oder auf der Straße angespuckt und aufgefordert hatten, das Land zu verlassen. Als der Berater in einer Beratungssitzung bei OPRA nachfragte, ob sie sich gegen diese Vorfälle wehren oder Anzeigen erstatten möchte, war sie sehr erstaunt. Sie reagierte folgenderweise: »Warum soll ich mich da beschweren? Ich bin doch gar nicht so lange in diesem Land. Ich bin ein Flüchtling. Ich bin ein Gast und ich bin Schwarz. Die können mit mir machen, was sie wollen.«

Zu dieser Form der Reaktion liegen mehrere Erklärungsansätze vor. Erstens könnte ihre Aussage einen Hinweis darauf geben, dass sie glaubt, keinen Anspruch bzw. kein Recht auf Teilhabe oder Schutz vor Rassismus zu haben. Zweitens könnte argumentiert werden, dass die ungerechte Behandlung und feindliche Stimmung, die sie hier erlebt, im Vergleich zu ihren Fluchtgründen relativ »harmlos« sind. Überdies darf ein weiteres Argument nicht übergangen werden: Internalisierter Rassismus in Form von verinnerlichten negativen Stereotypen über (Schwarze) Geflüchtete könnten eine Rolle spielen. So könnte die Frau die Meinung vertreten, dass herabwürdigendes Verhalten (Schwarzen) Geflüchteten wie ihr selbst gegenüber angemessen ist. Die hier beschriebene Verinnerlichung rassistischer Unterdrückungsstrukturen stimmt mit der soziologischen Definition eines internalisierten Rassismus überein. So betont Pyke, dass internalisierter Rassismus sich ausdrücklich auf die Internalisierung von *weißem* Rassismus durch Nicht-*weiße* bezieht und sich gegen sich selbst oder die eigene Gruppe richtet (vgl. Pyke, 2010).

6.2 Rassismussensible Anamnese und diagnostische Fallstricke

Wie bereits in Kapitel 5.2 erläutert, ist es notwendig, Rassismusbetroffene als heterogene Gruppe zu betrachten. Die diagnostische Erfassung subjektiver Zugehörigkeit und ethnischer Identität sowie die individuelle Positionierung zu diesen beiden Dimensionen sind bei einer rassismussensiblen Diagnostik besonders zu beachten. In diesem Kapitel werden neue Ansätze beschrieben, Fallstricke diskutiert und Probleme auf dem Weg zu einer rassismussensiblen Diagnostik erörtert.

In der Regel beinhalten diagnostische Methoden im psychotherapeutischen Kontext folgende Methoden: Anamnese und Exploration, Verhaltens-, Interaktions- und Familiendiagnostik, Leistungstests, Fragebogenverfahren und Ratingskalen. Wir möchten uns an dieser Stelle auf die Anamnese und Exploration beschränken. Unserer Ansicht nach gilt es, den Einfluss von unbewussten und bewussten Vorurteile sowie rassistischen Einstellungen während der Anamnese und Befunderhebung zu verhindern.

Es ist wichtig, darüber zu reflektieren, inwieweit Vorurteile und unbewusste Biases die Hypothesenbildungen von Psycholog*innen oder die Bewertungen der Angaben von Klient*innen beeinflussen. Es ist ebenso wichtig, Interviewleitfäden und Patient*innenfragebögen anzupassen, um der Lebensrealität von Rassismusbetroffenen gerecht zu werden.

Im Gegensatz zu der psychologischen Diagnostik liegt der Fokus der psychosozialen Diagnostik überwiegend in der Betrachtung struktureller und sozialer Aspekte. Dies bedeutet, dass sie die Erfassung sowohl individueller als auch sozialer und ökonomischer Strukturen umfasst. Wesentlich ist bei den Diagnoseverfahren die Feststellung von Ressourcen und den Barrieren, die im Wege stehen, um Ressourcen abzurufen oder zu erweitern. Wie bei den psychologischen Diagnostikverfahren spielt hier die subjektive Wahrnehmung und Bewertung der psychosozialen Fachkraft eine erhebliche Rolle. Beispielsweise gehen die Auffassungen darüber, was für eine rassismusbetroffene Klient*in eine Ressource sein könnte, zwischen Klient*in und Berater*in oft weit auseinander. Auf der einen Seite könnte politischer Aktivismus infolge einer erlebten rassistischen Gewalt für die Klient*in als selbstwertstiftend, resilienzfördernd und hilfreich für die Traumaverarbeitung interpretiert werden. Das gleiche Verhalten kann auf der anderen Seite durch die psychosoziale Fachkraft als Risikoverhalten definiert werden.

Eine Möglichkeit, der Ausklammerung des Themas Rassismus entgegenzuwirken, ist, systematische Befragungen nach rassistischen Mikroaggressionen in Interviewleitfäden und Anamnesebogen zu integrieren. Momentan befinden sich die Instrumente zur Erfassung von Mikroaggressionen noch in einer Entwicklungsphase. Die Anwendung dieser Instrumente könnte Praktiker*innen die Gelegenheiten bieten, die spezifische Belastung durch rassistische Mikroaggressionen zu erfassen. International werden bereits Instrumente wie zum Beispiel die »Racial Microaggressions Scale« (RMAS) eingesetzt, erforscht und für die weitere Anwendung geprüft. Torres-Harding, Andrade und Romero Diaz (2012) postulieren, dass die RMAS die Möglichkeit bietet, zu erfassen, wie oft eine Person Mikroaggressionen erlebt und wie hoch die Belastung für eine Person aufgrund eines rassistischen Vorfalles war (Torres-Harding, Andrade u. Romero Diaz, 2012, S. 154). Eine deutsche Version dieser Instrumente wäre ein Schritt in die richtige Richtung.

6.3 Geschützte Räume

Eine Möglichkeit der Umsetzung wirksamer Schutzmaßnahmen wäre, BPOC-Geflüchteten den Zugang zu geschützten Räumen zu ermöglichen. Doch warum brauchen Rassismusbetroffene sichere Orte und was sind geschützte Räume?

Rassismusbetroffene benötigen geschützte Räume, weil sie in der *weißen* Gesellschaft konstante Ablehnung und Zurückweisung erleben. Auch wenn diese Ablehnung nicht aktiv und unmittelbar sichtbar ist, wird sie über geschriebene und ungeschriebene, implizite und explizite Regeln, eine ablehnende Atmosphäre oder strukturelle Benachteiligung bestätigt und verstetigt. Jedes Mal, wenn eine nicht-*weiße* Person einen von *weißen* dominierten Raum (»*white* space«) betritt, spürt sie das Gefühl der Unterdrückung deutlich. Diese Personen brauchen geschützte Räume, weil sie durch unbewusst internalisierten Rassismus den unerfüllten Wunsch nach Akzeptanz, Anerkennung und Bestätigung spüren. Internalisierter Rassismus führt dazu, dass *weiß* zu sein mit erwünschten, beneidenswerten oder positiven Attributen in Verbindung gebracht wird. Damit verbunden ist ein Gefühl, dass die eigene Selbstwirksamkeit ohne die Bestätigung von *weißen* nicht möglich sei. Diese Art der Außenorientierung und das damit einhergehende Bedürfnis nach Fremdvalidierung nennen die Autor*innen dieses Bandes »*white endorsement*«. In Gegenwart von *weißen* ist dieser Dynamik für manche nur schwer zu entkommen. Zudem brauchen Rassismusbetroffene diese Räume, weil sie in *weiß*-dominierten Settings die subtilsten Mikroaggressionen wahrnehmen.

Geschützte Räume sind dort, wo Menschen anderen Menschen begegnen, die gemeinsame oder vergleichbare Unterdrückungserfahrungen gemacht haben. Sie sind Orte der Solidarität, Anerkennung und Identitätsfindung. Bei Rassismusbetroffenen, die Räume zur Verfügung haben, in denen sie sich selbstbestimmt austauschen können, fördert dies den eigenen Selbstwert und trägt maßgeblich zur Genesung von rassismusinduzierten Traumafolgen bei. Praktisch bedeutet das neue Wege für Gruppenangebote zum Beispiel in psychosozialen Zentren, Betreuungseinrichtungen und psychosozialen Projekten in Gemeinschaftsunterkünften. Zum Beispiel könnten Gruppenangebote sich an den Prozessmodellen zu *weiß*-Sein und Empowerment von Boger und Simon (2016) orientieren. Diese schlagen geplante Gruppensegregation und -desegregation abhängig von der jeweiligen Position im gesellschaftlichen Machtgefälle für Teilnehmer*innen vor. So kann verhindert werden, dass *weiß*-Sein als Norm oder die Entwahrnehmung von Differenz in Gruppen reproduziert wird.

6.4 Traumatherapeutische Behandlung rassismussensibel gestalten

»Experten bemängeln die unzureichende psychosoziale und psychotherapeutische Versorgung von Geflüchteten«, berichten Bühring und Gießelmann (2019) in ihrem Artikel im »Deutschen Ärzteblatt«. Dass der Bedarf an psychotherapeutischer Hilfe in vielen Regionen nicht ausreichend gedeckt wird, lässt sich teilweise dadurch erklären, dass es nicht genügend Psychotherapeut*innen gibt, die für die Behandlung von Traumafolgestörungen adäquat ausgebildet sind. Es stellt sich die Frage, welche Auswirkungen strukturelle Diskriminierung und rassistische Vorurteile auf den Zugang zur psychosozialen und psychotherapeutischen Hilfe für Geflüchtete haben.

Einige Betroffene von rechter, rassistischer Gewalt und insbesondere geflüchtete Ratsuchende haben Vorerfahrungen mit psychologischen, psychotherapeutischen, sozialpädagogischen, sozialarbeiterischen und/oder psychiatrischen Angeboten. Die OPRA beispielsweise erhält regelmäßig Berichte über negative Erfahrungen von Klient*innen. Auch wenn sie erzählen, dass sie von den Angeboten profitieren, haben nur wenige Vertrauen, dass sie vorurteilsfrei und ohne rassistische Narrative oder Denkmuster seitens des Anbieters behandelt wurden/werden. Dementsprechend steigt die Zahl von Anfragen durch Schwarze und POC-Ratsuchende nach Angeboten, bei denen Betroffene von rassismussensiben/BPOC-Fachkräften beraten oder behandelt werden können.

Zu den Voraussetzungen einer rassismussensiblen, traumafokussierten Psychotherapie gehören:
- die Berücksichtigung des historischen und kumulativen Charakters rassistischer Lebensereignisse;
- die Anerkennung, dass Betroffene Rassismus erleben und dadurch psychische Folgen haben;
- die genaue Einschätzung der Klient*innenresilienz;
- die Anwendung von Interventionen zur Stärkung der ethnischen Identität (»racial identity«);
- die Verknüpfung von selbstwertstärkenden Interventionen mit Empowermentansätzen;
- die Weiterbildung, Interaktion und Reflexion der Behandelnden zum Thema Rassismus.

Berücksichtigung des historischen und kumulativen Charakters rassistischer Lebensereignisse

In der Regel belastet es traumatisierte Menschen psychisch schwer, wenn sie traumaassoziierten Hinweisreizen, auch »Trigger« genannt, begegnen. Diejenigen, die durch rassistische Ereignisse traumatisiert worden sind, können diesen Triggern im Alltag aufgrund der Omnipräsenz rassistischer Diskurse, Verhaltensweisen und Strukturen kaum entkommen. Viele Ratsuchende der Beratungsstelle OPRA berichten, dass sie rassistische Vorfälle und rassistische Diskriminierung seit der Kindheit begleiten. Auch Vorfälle, die für Außenstehende nicht besonders gravierend erschienen, können eine gewaltige Verletzung bei Betroffenen auslösen. Es ist, als ob das aktuelle Ereignis dann »das Fass zum Überlaufen bringt«.

Die historischen Dimensionen sind besonders gut zu erkennen an der Reaktion von Schwarzen Menschen, wenn das N-Wort in deren Gegenwart benutzt wird. Bewusst oder unbewusst werden Schwarze Menschen so daran erinnert, dass diese Fremdbezeichnung nicht nur zu Kolonialzeiten zur Entmenschlichung der Schwarzen Person und der Markierung als *weißes* Eigentum diente, sondern es immer noch tut. Die Selbstverständlichkeit, mit der *weiße* Menschen diesen Begriff oft freilich nutzen, kann als Beleg dafür gesehen werden, dass sie nach wie vor der Ansicht sind, dass Schwarze Menschen ihnen unterlegen sind.

Anerkennung, dass Betroffene Rassismus erleben und dadurch psychisch belastet sind

Traumaforscher*innen belegen, dass Anerkennung und Wertschätzung der Klient*innen als Traumaüberlebende eine positive Wirkung auf den PTBS-Verlauf haben (vgl. Elbert, Wilker, Schauer u. Neuner, 2017, S. 26). So zeigen die Ergebnisse der Studie von Kolassa et al. (2010), dass eine Symptomremission von 80 Prozent bei geringer Belastung und ausreichend sozialer Anerkennung möglich ist. Bei rassismusbedingten Traumata spielt nicht nur die Anerkennung, dass die erlebten Ereignisse oder Situationen traumatisierend gewesen sind, eine Rolle. Klient*innen brauchen ebenso die Anerkennung, dass die Beweggründe rassistisch waren und somit einzuordnen sind. Sie benötigen die Anerkennung, dass Rassismuserfahrungen keine Zufälle, sondern Teil ihrer allgemeinen Lebenserfahrung sind.

Genaue Einschätzung der Klient*innenresilienz
Die Fähigkeit, sich trotz Unterdrückung, Ungerechtigkeit und Schicksalsschlägen wieder aufzurichten und weiterzumachen, ist typisch für die Lebenserfahrung von BPOC. Rassismus macht krank, dennoch tragen nicht alle BPOC schwere seelische Folgen davon. Betroffene, die von Kindheit an mit Rassismus zu kämpfen haben, haben ein großes Repertoire an Bewältigungsstrategien. Wenn Traumatherapeut*innen aus einer paternalistischen Perspektive heraus rassismusbetroffene Geflüchtete nur als schwach, verletzlich und hilfebedürftig betrachten, bleiben deren inneren Ressourcen verborgen und ungeachtet.

Anwendung von Interventionen zur Stärkung der ethnischen Identität (»racial identity«)
Bei rassistischen Gewalterfahrungen wird die gruppenbezogene Identität von Betroffenen angegriffen. Für die Traumaverarbeitung ist es deshalb wichtig, dass Klient*innen dabei unterstützt werden, selbstbestimmte Narrative über ihre eigene Identität zu entwickeln.

Verknüpfung von selbstwertstärkenden Interventionen mit Empowermentansätzen
Traumaexpert*innen betonen, dass »die Förderung von Selbstwirksamkeit und posttraumatischer Reifung sowie die Therapie psychischer Störungen [...] entscheidend von

der (Mit-)Orientierung auf soziale Unterstützung [profitieren]« (Müller, Mörgeli u. Maercker, 2008, S. 160). Durch komplementäre Interventionen wie Empowerment- und Selbsthilfegruppen sowie rassismussensible Gruppentherapie können Betroffene wertvolle Erfahrungen machen. So können sie Selbstwirksamkeit auf einer individuellen und kollektiven Ebene erleben.

Wissen, Interaktion und Reflexion der Behandelnden zum Thema Rassismus
In der Arbeit mit Rassismusbetroffenen kann die (Weiter-)Entwicklung notwendiger Kompetenzen nur durch lebenslanges Lernen erfolgen. Die Erfahrungen mit der Zielgruppe zeigen, dass sich Behandlungs- und Teamentwicklungskonzepte, die spezifisch auf der Erweiterung des Wissens über Rassismus, konstruktiven Interaktionen und individueller und gemeinsamer Reflexion basieren, besonders eignen.

Ansätze, die kulturelle Begegnungen beinhalten, sind problematisch, da in solchen Settings häufig rassistische Bilder und koloniale Stereotype reproduziert und bestätigt werden. Innovative Methoden, wie das »Trialogische Rassismus- & Trauma-Seminar« von OPRA in Berlin zeigen die Effektivität, mit der rassismussensible Gruppeninterventionen niederschwellig eingesetzt werden können. Das trialogische Seminar dient dazu, Betroffenen, Angehörigen und Fachpersonal die Gelegenheit zu geben, sich gegenseitig über Erfahrungen und Themen rund um Rassismus auszutauschen (z. B. rassistisch motivierte Gewalt, Bedrohung, Mobbing, Rassismus in der Partnerschaft, Rassismus, Strategien gegen Rassismus usw.). Ziel ist es, sich aus unterschiedlichen Perspektiven über Rassismuserfahrungen und die eigene Reaktion darauf auszutauschen, wechselseitige Vorurteile abzubauen und voneinander zu lernen. Ein positiver Effekt der trialogischen

Seminare in Berlin war, dass Fachkräfte, die sich bereits verstärkt mit dem Thema Rassismus auseinandergesetzt hatten, mehr Verständnis und Empathie für Angehörige, Kolleg*innen und Betroffene gewinnen konnten, die ihrerseits noch nicht viel Gelegenheit hatten, darüber zu reflektieren. Dieser bewährte Lösungsansatz bietet eine Plattform für Empowerment, die Erweiterung der sozialen Unterstützung und den Abbau rassistischer Vorstellungen. Parallel dazu werden die Bedingungen geschaffen, verdeckte Rassismusdynamiken sichtbar und ansprechbar zu machen.

Die genannten Herausforderungen sind keineswegs vollständig, und die politischen Entwicklungen in Europa erfordern einen Paradigmenwechsel in der traumatherapeutischen Praxis. Die Entwicklung von Qualitätsstandards und Leitlinien für die Beratung und Behandlung von traumatisierten Betroffenen durch Rassismus ist zwingend notwendig.

7 Handlungsmöglichkeiten für eine rassismussensible Begleitung von jungen geflüchteten Menschen

»Am frühen Morgen des 2. Juli 2019 drang die Polizei gewaltsam in eine Jugend-WG [...] ein. Die Beamten traten Türen ein, zogen dort schlafende Jugendliche mit vorgehaltener Waffe aus den Betten und legten sie in Handschellen. Bei keinem der Jugendlichen gab es einen Verdacht auf eine Straftat. Die Polizei wollte die Räume eines dort gemeldeten jungen Menschen durchsuchen, der bereits vor zwei Monaten in eine andere Jugendhilfeeinrichtung verlegt worden war« (Bundesfachverband umF, Flüchtlingsrat Berlin, ReachOut Berlin & Evin e. V., 2019).

Dieser Auszug aus einer Pressemitteilung aus dem Jahr 2019 beschreibt keinen Einzelfall, sondern ist ein Beispiel für mehrere gewaltsame Einsätze der Polizei in Jugendhilfeeinrichtungen, in denen junge Geflüchtete leben. Bereits im Jahr zuvor wurde in der Presse ein ähnlicher Einsatz in einer Berliner Jugendhilfeeinrichtung beschrieben (Der Paritätische Berlin, 2018). In Bremen wurde die Umverteilung von jungen Geflüchteten im Bundesgebiet mithilfe von Handschellen umgesetzt (Trenczek u. Behlert, 2020). Bei den Betroffenen dieser Einsätze handelte es sich um junge geflüchtete Menschen, die laut der EU-Aufnahmerichtlinie aufgrund ihrer besonderen Schutzbedürftigkeit (EU, 2013) in einer Inobhutnahmeeinrichtung oder in stationären Wohnformen der Kinder- und Jugendhilfe lebten.

Neben diesen, durch die Anwendung massiver Gewalt sehr offensichtlichen Taten, sind es aber auch die Fälle von Alltagsrassismus, die rassistische Erlebnisse zu einer immer wiederkehrenden Erfahrung machen. Die Herkunft, Hautfarbe oder Religion wird dann für die Zuschreibung negativer oder auch positiver Eigenschaften und Fähigkeiten genutzt und ordnet junge Menschen einer Gruppe zu, ohne die Betroffenen selbst nach einer Definition ihrer Identität gefragt zu haben. Dies führt in der Folge immer wieder zu Verletzungen, Benachteiligungen und letztlich zur Ausgrenzung von jungen Menschen, von denen gleichzeitig erwartet wird, sich zu integrieren und sich an gegebene Strukturen anzupassen.

Neben den genannten Presseberichten zeigen auch die Erfahrungen aus der Beratungs- und Betreuungspraxis, dass junge Geflüchtete häufig Rassismuserfahrungen machen müssen. Im Rahmen einer Umfrage des Bundesfachverbands unbegleitete minderjährige Flüchtlinge (2019) stellten die Fachkräfte fest, dass rund 47 Prozent der jungen Geflüchteten gelegentlich Rassismuserfahrungen machen und 34 Prozent sehr oft diesen Erfahrungen ausgesetzt sind. Es kann jedoch auch vermutet werden, dass junge Menschen sich vor allem bei Rassismus- und Diskriminierungserfahrungen seltener an Betreuungspersonen wenden (BumF, 2019). Da aber die Zahlen die Einschätzung von Fachkräften wiedergeben, kann somit davon ausgegangen werden, dass die Anzahl der von Rassismus Betroffenen deutlich höher ist.

Eine professionelle Begleitung dieser jungen Menschen setzt das Wissen um deren Lebensrealität, um mögliche eigene Verstrickungen in Machtsysteme und um Handlungsmöglichkeiten für einen angemessenen Umgang mit diesen Situationen voraus. Das folgende Kapitel richtet sich an haupt- und ehrenamtliche Akteur*innen, die junge Geflüchtete im Rahmen der Jugendhilfe begleiten und sich für eine rassismussensible Arbeit einsetzen möchten.

7.1 Die Bedeutung von Rassismuserfahrungen im Zusammenhang mit Traumatisierungen bei jungen geflüchteten Menschen

Junge Geflüchtete sind eine besonders vulnerable Gruppe für Traumatisierungen, da sie im Herkunftsland und auf der Flucht bereits früh in ihrer Entwicklung potenziell traumatisierenden Erlebnissen ausgesetzt waren. Mussten junge Menschen die Flucht dann auch noch ohne die Familie bewältigen, waren sie im Vergleich zu begleiteten Minderjährigen häufiger Gewaltsituationen auf der Flucht ausgesetzt (Witt, Rassenhofer, Fegert u. Plener, 2015). Jedoch war nicht jeder geflüchtete junge Mensch unbedingt direkt mit einer traumatischen Erfahrung konfroniert, und nicht jedes Trauma muss zu einer Traumafolgestörung führen. Dennoch kann behauptet werden, dass das Ankommen in einer neuen Umgebung, und noch dazu ohne ein schützendes Familiensystem, besonders in jungem Alter eine große Belastung bedeutet.

Die Phase des Ankommens und sequenzielle Traumatisierung

Die Phase des Ankommens ist die wichtigste Zeit, um wieder zur Ruhe zu kommen und Erfahrungen verarbeiten zu können. Nach Keilson (2005) ist Traumatisierung vielmehr als ein Prozess anzusehen denn als eine einmalige und zeitlich begrenzte Erfahrung. Für die Bewältigung der traumatischen Erlebnisse sind somit die Erfahrungen, die ein Mensch in der Phase nach den traumatischen Ereignissen macht, von großer Bedeutung. Da die erste Zeit des Ankommens von vielen Unsicherheiten und Sorgen bezüglich der eigenen Zukunft und der Familie geprägt ist, nimmt das Stresslevel erst einmal kaum ab (Zimmermann, 2016).

Identitätsbildung und Flucht

Darüber hinaus sind junge Geflüchtete den Belastungen der Flucht in einer Zeit ausgesetzt, in der sie die eigene Identität als Heranwachsende ausbilden müssen. Haben sie dann traumatische Erfahrungen machen müssen, ist dies oft mit Gefühlen von Ohnmacht, Vertrauensverlust, Hilflosigkeit und Orientierungslosigkeit verbunden. Diese Gefühle in einer unbekannten Umgebung mit wenig vertrauten Bezugspersonen durchleben zu müssen, kann die Entwicklung der Identität nachhaltig beeinflussen (Wieland, 2018).

Erfahrungen aus der Arbeit mit geflüchteten Menschen zeigen, dass rassistisch motivierte Ausgrenzungen und Gewalttaten bei den Betroffenen ein zusätzliches Gefühl von Nichtzugehörigkeit und vermeintlichem Anderssein auslösen (Hargasser, 2014). Wir können davon ausgehen, dass alle geflüchteten jungen Menschen allein schon durch spezifische gesetzliche Regelungen und gesellschaftlich tief verankerte diskriminierende oder rassistische Strukturen solchen Ausgrenzungserfahrungen ausgesetzt sind.

Rassismus und dessen Folgen erkennen

Betreuende in Jugendhilfeeinrichtungen haben im traumapädagogischen Kontext die Aufgabe, stabile Beziehungen und einen sicheren Ort zu bieten, um die Verarbeitung des Erlebten zu unterstützen (Baierl, 2016). Es ist wichtig, sich auch die Bedeutung von rassistischen Erfahrungen in diesem Kontext bewusst zu machen und diese professionell auffangen zu können. Eine Stabilisierung und Verarbeitung von Erlebnissen wird immer wieder durch jede rassistische Anfeindung, durch jeden rassistisch motivierten Gewaltvorfall und durch jede Polizeikontrolle innerhalb und außerhalb der Einrichtung gefährdet. Waren junge Menschen rassistischen Erfahrungen ausgesetzt, kann dies Traumatisierungen auslösen oder verstärken und eine Psychotherapie notwendig machen. Erfahrungen zeigen jedoch, dass der Zugang zu einer therapeutischen Behandlung langwierig und mit vielen Hürden verbunden ist. Meist sind dann Betreuende, Ehrenamtliche und Vormund*innen die ersten Ansprechpersonen im psychosozialen Versorgungssystem.

Das Erkennen und das Ernstnehmen rassistisch motivierter Gewalttaten sind erste wichtige Schritte. Darauf folgt meist erst die Anbindung an weiterführende Unterstützungsstrukturen wie Beratung und Psychotherapie. Akteur*innen in der Jugendhilfe haben aus diesen Gründen eine wichtige und grundlegende Rolle im Bewältigungsprozess inne. Vermitteln Betreuende, dass sie die Tat als Gewalttat erkennen, ein Verhalten als rassistisch motiviert benennen und sich darüber hinaus parteiisch für den jungen Menschen einsetzen, dann zeigt das eine solidarische Grundhaltung gegenüber dem jungen Menschen. Dies ist von großer Bedeutung, da Rassismus den Betroffenen immer das Gefühl vermittelt, nicht gewollt, nicht willkommen und ausgegrenzt zu sein. Erfahrungen aus der praktischen Arbeit zeigen, dass die solidarische Unterstützung durch Beobachtende und das Ernstnehmen der rassistischen Tat als solche einen deutlichen Einfluss auf den Bewältigungsprozess haben können. Die betroffenen Menschen bekommen das Gefühl, nicht gänzlich allein zu sein, und erfahren Ausgrenzungen nicht aus allen Richtungen (Louw et al., 2016).

Das *weiß* dominierte Jugendhilfesystem und dessen Machtasymmetrien
In Kapitel 6 wurden die Herausforderungen *weiß* dominierter Hilfesysteme und das daraus resultierende Machtgefälle bereits genauer beschrieben. An dieser Stelle soll die vorherige Betrachtung um die Besonderheiten des Jugendhilfesettings ergänzt werden.

Das Hilfesystem der Kinder- und Jugendhilfe bringt nämlich noch eine Besonderheit und damit einen entscheidenden Faktor mit sich: Junge Menschen sind durch einen meist erheblichen Altersunterschied zu den Betreuenden und durch Minderjährigkeit einer sowohl gesellschaftlich als auch rechtlich begründeten Machtasymmetrie ausgesetzt, die das Missverhältnis zusätzlich zu den beschriebenen rassistischen Strukturen verstärken kann, sofern mit diesen nicht vorsichtig und umsichtig umgegangen wird. Es kann schwierig sein, Machtverhältnisse immer ausgewogen zu gestalten, wenn es sich vor allem um minderjährige Nutzer*innen handelt, die noch nicht in allen Entscheidungsbereichen eigenmächtig handeln können oder dürfen.

Das Empfinden der Selbstwirksamkeit, die wahrgenommene Kontrollierbarkeit und Vorhersehbarkeit des Lebens und die eigene Handlungsfähigkeit können für junge geflüchtete Menschen in der Jugendhilfe also durch mehrere Faktoren eingeschränkt werden. Das macht die Begleitung, Beratung und Betreuung von ihnen aus einer macht- und rassismussensiblen Perspektive zu einer besonderen Herausforderung.

7.2 Handlungsmöglichkeiten einer rassismussensiblen Begleitung

Im folgenden Abschnitt werden einige Handlungsmöglichkeiten aufgezeigt, die einen professionellen Umgang mit den beschriebenen Herausforderungen ermöglichen können.

Selbstreflexion und Sensibilität
Im Rahmen einer Hilfekonferenz wird einem geflüchteten Jugendlichen nahegelegt, statt des angestrebten Abiturs lieber realistisch zu bleiben und eine Ausbildung als Frisör

zu beginnen. Die Annahme, dass geflüchtete Jugendliche weniger Chancen im Bildungssystem haben, akzeptiert und verstärkt die vorhandenen Strukturen, die es geflüchteten Menschen tatsächlich erschweren, gleichberechtigt am Bildungssystem teilzuhaben.

Eine Betreuerin in einer Jugendhilfeeinrichtung erklärt ihrer neuen Kollegin, dass vor allem den geflüchteten Jugendlichen das Putzen genau gezeigt werden müsse. Dieser Annahme liegt die Zuschreibung zugrunde, dass die Herkunft mit der Fähigkeit, Wohnungen sauber halten zu können, zusammenhängt.

An erster Stelle einer rassismussensiblen Arbeit steht die größte Herausforderung: die kritische Selbstreflexion über die eigene Rolle und die eigene Position in der Beziehung zu jungen Nutzer*innen. Welche Ressourcen habe ich in meiner Rolle als helfende Person, die andere nicht haben? Welche Vorurteile wurden mir in meiner eigenen Erziehung oder aus dem gesellschaftlichen Umfeld mitgegeben? Bin ich wirklich frei von vereinfachenden Bildern, obwohl ich diese ablehne? Hinterfrage ich vorhandene Strukturen? Diese Fragen setzen jedoch das Bewusstsein voraus, dass kein Mensch vorurteilsfrei sein wird – jedoch vorurteilsbewusst und vorurteilskritisch sein kann. Oder anders gesagt: Rassismus ist kein Phänomen, das bei anderen auftritt, sondern wir alle können uns, wenn auch ungewollt, rassistisch verhalten. Die kritische Selbstreflexion kann eine Sensibilität und ein Bewusstsein ermöglichen, das Ausgrenzungen vermeidet, Unsicherheit aushaltbar machen und angemessenes Handeln ermöglichen kann.

Solidarität und zuverlässige Beziehungsgestaltung
Ein Schwarzer Jugendlicher berichtet von einem rassistischen Vorfall. Die betreuende *weiße* Person reagiert mit

Worten wie: »Das würde ich nicht so ernst nehmen. Das kann mal passieren, aber vergiss es einfach und ärger dich nicht.«

Diesen Worten kann der Wunsch zugrunde liegen, den jungen Menschen zu beruhigen und Verletzungen zu vermeiden. Jedoch bewirken solche Reaktionen meist, dass sich die betroffene Person alleingelassen und unverstanden fühlt, die Verletzungen werden abgewertet. Aus traumapädagogischer Perspektive sind zuverlässige, kontinuierliche und heilende Beziehungen im Jugendhilfesetting besonders wichtig (Baierl, 2016). Die Zuverlässigkeit einer Beziehung kann sich auch in den Reaktionen auf berichtete rassistisch motivierte Taten widerspiegeln.

Eine rassismussensible Arbeit bedeutet, diese Situationen ernst zu nehmen, Solidarität zu signalisieren und weitere Strategien vorzuschlagen. Die Begleitung zu Beratungsstellen oder die Meldung des Vorfalls an Registerstellen vermitteln Handlungsfähigkeit statt Ohnmacht. Wichtig ist hier, den Wunsch des jungen Menschen zu akzeptieren. Lehnt er das Hilfeangebot ab, dann wird er auch einen für ihn schlüssigen Grund haben. Würde er zu Handlungen überredet, die aus Sicht von Betreuenden auch durchaus sinnvoll sein könnten, käme dies wieder einer erneuten Bevormundung gleich.

Umgang mit dem Vorwurf einer Straftat
Ein junger geflüchteter Volljähriger fährt wiederholt ohne Fahrschein in öffentlichen Verkehrsmitteln und wird dabei erwischt. Nach der dritten Kontrolle leitet der Verkehrsbetrieb die Vorfälle an die Ermittlungsbehörden weiter. Der junge Mensch erhält einen schriftlichen Bescheid über den Vorwurf des Erschleichens von Leistungen und gleichzeitig die Möglichkeit, sich innerhalb eines festgelegten Zeitraums schriftlich zu äußern. Die Betreuerin rät dem jungen Menschen, sich wie folgt zu äußern: »Ich entschuldige mich für die Tat. Ich bin noch

nicht so lange in Deutschland und ich wusste nicht, dass ich etwas falsch mache. Meine Freunde haben mir gesagt, dass ich mich so verhalten soll und dass es in Ordnung sei. Nun weiß ich es aber besser und ich werde mich in Zukunft an alle Regeln halten.« Die Betreuerin rät außerdem, er solle das Schreiben auch unbedingt selbst ausfüllen, damit seine unbeholfene Handschrift die Äußerungen noch authentischer mache.

Der beschriebene Fall wiederholt sich in der Praxis nur allzu oft und unterschlägt grundlegende Rechte von Betroffenen bei der Ermittlung einer Straftat. Vielmehr ist diese Herangehensweise auf verschiedenen Ebenen rassistisch und trägt zur Reproduktion von rassistischen Stereotypen bei. Im Folgenden steht die Beleuchtung diskriminierender Strukturen im Fokus, während rechtliche Aspekte nur in allgemeiner Form erwähnt werden sollen, da diese eine rechtliche Beratung in individuellen Fällen nicht ersetzen können.

»Ich entschuldige mich für die Tat.«
Grundlegend gilt nach Artikel 1 des Grundgesetzes die Unantastbarkeit der Würde eines jeden Menschen. Das gilt auch für Menschen, die im Verdacht stehen, eine Straftat begangen zu haben. Im Ermittlungsverfahren werden objektive Tatsachen und Beweise gesammelt. Das Entschuldigen bei Ermittlungsbehörden würde einen Appell an die Moral der Institution bedeuten und nimmt den Betroffenen ihre Würde. Das Hinzuziehen einer rechtlichen Beratung vor einer schriftlichen oder persönlichen Äußerung ist in solchen Fällen ratsam.

»Ich bin noch nicht so lange in Deutschland und ich wusste nicht, dass ich etwas falsch mache.«
Hier liegt die Annahme zugrunde, dass die Herkunft mit der Fähigkeit zusammenhängt, das geltende Rechtssystem zu verstehen, und dies stereotypisiert Geflüchtete als rückständig.

»Meine Freunde haben mir gesagt, dass ich mich so verhalten soll und dass es in Ordnung sei.«
Mit dieser Aussage wird ein weiteres Stereotyp aufrechterhalten, bei dem davon ausgegangen wird, dass Menschen mit einer bestimmten Herkunft eher zu Straftaten neigen oder sich in einem Umfeld bewegen, das zu Straftaten neigt. Geflüchtete und deren Umfeld werden damit kriminalisiert und somit auch eher ohne tatsächlichen Verdacht, sondern aufgrund äußerer Merkmale von der Polizei kontrolliert und beschuldigt.

»Nun weiß ich es aber besser und ich werde mich in Zukunft an alle Regeln halten.«
Diese Aussage bewirkt eine Infantilisierung und vermittelt eine vermeintliche Rückständigkeit des Beschuldigten. Ein – wenn auch heranwachsender – Mensch wird dazu angehalten, auf kindliche Art zu beteuern, diesen Fehler nie wieder zu begehen. Er habe nun genug Angst bekommen und werde sich nun an die Regeln und das System halten. Der Betroffene soll sich selbst als untergeben und unterwürfig darstellen, um die Gnade der Strafverfolgungsbehörden zu erhalten. Die kindliche Handschrift soll diese Infantilisierung noch verdeutlichen und hierdurch den appellativen Charakter der Entschuldigung verstärken.

All diese Aussagen bewirken keine würdevolle und auf Tatsachen gestützte Ermittlung, sondern eine Aufrechterhaltung von Stereotypen und eine Anpassung der Betroffenen an diese. Eine rassismussensible Betreuung setzt somit ein grundlegendes Wissen über Rechte und Pflichten in Strafverfahren und auch das Aufsuchen spezialisierter Beratungsstellen voraus.

Das Gefühl der Kontrolle wiedererlangen können
Ein junger Mensch, der aus Eritrea geflüchtet ist, lebt in einer Jugendhilfeeinrichtung. Mitten in der Nacht klingeln Polizeibeamt*innen an der Tür, ein ahnungsloser Mitbewohner öffnet, und mehrere Polizist*innen dringen in die Einrichtung ein. Sie holen den schlafenden jungen Menschen aus dem Bett und nehmen ihn sofort mit, ohne ihm die Möglichkeit zu geben, eine Jacke oder Ähnliches anzuziehen, und verweigern ihm die Mitnahme seines Handys. Der Grund ist eine Dublin-Abschiebung nach Italien. Alle anderen jungen Menschen mussten den Vorgang hilflos mit ansehen.

Junge Menschen, die von Rassismus betroffen sind, müssen in solchen Situationen erleben, keine Kontrolle und Entscheidungsmacht zu haben. Bei Wohnungsdurchsuchungen, Polizeikontrollen und Ermittlungsverfahren liegt die gesamte Macht bei den Behörden. Handys werden beispielsweise als Beweismaterial zurückgehalten, panische Reaktionen gegenüber Uniformierten werden als Widerstand gewertet, Wohnraum nicht beteiligter Personen wird mit durchsucht. Diese Erfahrungen bedeuten für Betroffene einen massiven Kontrollverlust und Gefühle der Ohnmacht. Die eigene Wirkung in der Welt und somit das Erfahren von Selbstwirksamkeit ist infolgedessen äußerst gering. Die Erfahrungen wiederholen sich dann in struktureller Gewalt und im institutionellen Rassismus, dem junge Geflüchtete ebenfalls immer wieder beispielsweise in Form von Umverteilung im Bundesgebiet, Residenzpflicht, Wohnsitzauflage und verweigertem Zugang zum Gesundheitssystem ausgeliefert sind. Dies führt dazu, dass sie nach Wegen suchen, ihren Alltag kontrollieren zu können und der erwarteten Passivität zu entgehen.

Das Umfeld in der Jugendhilfe kann so gestaltet werden, dass jungen Menschen so viel Entscheidungsmacht wie möglich zukommt. Die Privatsphäre muss respektiert und geschützt werden. Schrank- und Zimmerkontrollen durch Betreuende in Zimmern der Einrichtung sind auch unter dem Vorwand des Schutzes von anderen Jugendlichen in diesem Kontext verheerend für das Kontrollgefühl der Betroffenen. Wenn nicht einmal der intimste Rückzugsort vor der Willkürlichkeit anderer Menschen geschützt ist, dann fühlen sich Betroffene vollends ausgeliefert.

Betroffene können demgegenüber ermutigt werden, sich zu beschweren. Hierzu gehört auch die Etablierung eines internen und externen Beschwerdesystems in der Einrichtung, welches auch im Falle von Beschwerden konsequent umgesetzt wird. Die Begleitung zu und die Anbindung an auf rassistische Gewalt spezialisierte Beratungsstellen ist hier ebenfalls sinnvoll, damit die jungen Menschen sich selbst wieder als selbstwirksam handelnde Personen erleben können.

Das Gefühl von Selbstbestimmtheit wiedererlangen können
Ein Ehepaar engagiert sich ehrenamtlich für einen jungen Menschen aus Guinea. Es schenkt dem Jugendlichen Kleidung, Schulbücher und sucht einen Ausbildungsplatz in einer Großküche für ihn. Der junge Mensch trägt die Kleidung nicht und wirft sie nach einiger Zeit weg. Den Ausbildungsplatz sagt er kurz vor Beginn ab. Die beiden Ehrenamtlichen äußern dem Jugendlichen gegenüber ihre Enttäuschung. Sie wüssten, dass er in seiner Lage so wenig Chancen habe, und sie wollten verhindern, dass er zukünftig Drogen verkaufen würde. Mit den Betreuenden unterhalten sich beide über den Jugendlichen, und alle sind sich einig, dass er zu wenig mitarbeite und nicht dankbar sei für die viele Unterstützung, die er hier erhalte.

Hier greift wieder das Bild vom hilfsbedürftigen und kriminellen Geflüchteten, gestützt auf das konstruierte Bild des *weißen*, gebildeten und fortschrittlichen Menschen, der aus

Nächstenliebe helfen möchte. Das Bild des *weißen* Menschen, der Schwarzen Menschen/PoC eine »zivilisierte« Lebensweise beibringt, hält sich seit dem Kolonialismus aufrecht und schafft Hierarchien, in denen vermeintlich fremde, geflüchtete, Schwarze Menschen an die untere Position im Machtgefüge gedrängt werden. Wer für seine Hilfe und Arbeit Dankbarkeit erwartet, stützt sich auf diese postkolonialen Hierarchien und ignoriert, dass es die vorherrschenden Strukturen sind, die geflüchtete Menschen erst zu hilfsbedürftigen und entmachteten Menschen machen, indem ihnen der Zugang zu Ressourcen verweigert wird.

Eine rassismussensible Begleitung von jungen Geflüchteten setzt voraus, eigene Meinungen und Wünsche von Nutzer*innen und auch die Ablehnung einzelner Angebote oder der gesamten Hilfe zu akzeptieren und hiermit die Entscheidungen des jeweiligen Individuums zu respektieren.

An dieser Stelle kann auch ein Perspektivwechsel helfen: Wie würde ich mich verhalten, wenn ich ein Problem habe und ein anderer Mensch infolgedessen bestimmt, wie ich mein weiteres Leben gestalten soll, weil ich dadurch seiner Meinung nach so das Problem lösen kann? Wie würde ich reagieren, wenn der Preis für die Lösung meines Problems Dankbarkeit und die Aufgabe meiner Selbstbestimmtheit wäre?

Auf dieser Basis stellt sich dann die Frage, wie ein selbstbestimmtes Leben inmitten solch fremdbestimmter Strukturen gefördert werden kann. Wird hier möglichst viel Raum für eigene Entscheidungen gegeben und werden die Wünsche des jungen Menschen erfragt und ernst genommen, dann ist das ein erster wichtiger Schritt. Das kann dann größere Lebensfragen, wie den Ausbildungsweg oder den Berufswunsch, betreffen. Ebenso kann es mittelfristige Bedürfnisse wie den Wunsch nach einem Einzelzimmer in der Jugendhilfeeinrichtung betreffen oder auch alltägliche Entscheidungen, wie jene, welchen Kinofilm die Gruppe besuchen möchte. Das Jugendhilfesetting bietet etliche Möglichkeiten, jungen Menschen ihr Lebensumfeld und ihren Alltag selbst gestalten zu lassen. Allerdings kann dies manchmal auch die Loslösung von althergebrachten, gewohnten und arbeitserleichternden Strukturen seitens der Betreuenden erfordern. Folgende Punkte mögen banal oder auch selbstverständlich in ihrer beispielhaften Nennung klingen, und doch können sie eine große Bedeutung für das Gefühl von Selbstbestimmtheit junger Menschen haben: die Festlegung des Termins für den Gruppenabend, die Gestaltung des Gruppenabends und des Ferienprogramms, die Festlegung von Gesprächsterminen, Essenszeiten in der Einrichtung, Form und Staffelung der Auszahlungen des (Taschen-) Geldes, Beschwerdemöglichkeiten in der Einrichtung, das Schulpraktikum, die Freizeitgestaltung, die Entscheidung über die Internetversorgung in der Einrichtung, Verzicht auf Zimmer- und Schrankkontrollen, die kreative Gestaltung und Einrichtung der Gemeinschaftsräume – und vor allem anderen das Recht, Fehler zu machen.

Es wird vermutlich deutlich, dass es sich hier um Punkte handelt, die unabhängig vom Fluchthintergrund des jungen Menschen immer für die Jugendhilfe relevant sind. Trotzdem nehmen diese Punkte im Rahmen der rassismussensiblen und/oder traumapädagogischen Betreuung nochmals einen besonderen Stellenwert ein, da rassistische und diskriminierende Gesellschaftsstrukturen sich hier im Alltäglichen widerspiegeln und so eben auch im Alltäglichen durchbrochen werden können.

Empowerment und Powersharing ermöglichen

Ein ehrenamtlicher Vormund rät einer jungen Frau aus Syrien, sich einer Gruppe junger muslimischer Frauen im Bezirk anzuschließen, um ihre Probleme mit vermeintlich Gleichgesinnten zu besprechen. Dieser gut gemeinte Ratschlag beruht auf der Annahme, Frauen aus Syrien fühlten sich generell dem Islam zugehörig, und verneint die individuelle Biografie der jungen Frau.

Eine Gruppe von *weißen* Ehrenamtlichen organisiert einen Workshop für Schwarze Jugendliche/Jugendliche of Color. Das Ziel ist, dass die Jugendlichen sich über ihre Erfahrungen austauschen und Strategien lernen, wie sie sich gegen Alltagsrassismus wehren können. Der Workshop wird von *weißen* Menschen moderiert und die Termine werden von den Organisator*innen festgelegt. Diese Herangehensweise steht dem eigentlichen Empowermentansatz deutlich entgegen.

Der Begriff des Empowerments wird manchmal missverstanden. Empowerment bedeutet Selbstermächtigung, also eine Ermächtigung, die von Betroffenen ausgeht (Nassir-Shahnian, 2013). Im Falle junger geflüchteter Menschen bedeutet Empowerment, dass diese Menschen sich selbst organisiert und im von ihnen definierten Rahmen mit eigenen Themen auseinandersetzen. Betreuende können dazu anregen, Ressourcen bereitstellen und an entsprechende Stellen anbinden. Empowerment sollte aber immer aus dem Wunsch der Betroffenen heraus erfolgen und nicht Ergebnis eines gut gemeinten, aber dennoch verfehlten Ratschlags, wie in den obigen Fällen, sein.

Ein sinnvolles Beispiel ist hier der Band »Zwischen Barrieren, Träumen und Selbstorganisation« des Autor*innenkollektivs »Jugendliche ohne Grenzen« (2018), der ebenfalls in der Reihe Fluchtaspekte erschienen ist und in dem junge Geflüchtete selbst zu Wort gekommen sind und ihre Meinungen, Gedanken und Forderungen veröffentlicht haben.

Begleitende können ihr Wissen im Sinne des Powersharings teilen, indem sie Informationen weitergeben und andere davon profitieren lassen. Wenn zum Beispiel ein Workshop über die eigenen Rechte im Zusammenhang von Polizeikontrollen organisiert wird, dann kann das der Grundidee folgen, eine vulnerable Gruppe mit Wissen zu stärken. Folgende Fragen können hier im Mittelpunkt stehen: Welche Rechte habe ich als beschuldigte Person bzw. als Zeug*in? Wann darf ein*e Polizeibeamte*r Menschen kontrollieren? Wie verhalte ich mich im Falle eines Tatvorwurfs?

Die Haltung im Team und klare Strukturen beim Träger
Eine klare und gemeinsam definierte Haltung des Trägers in Bezug auf Polizeikontrollen und rassistische Vorfälle in Jugendhilfeeinrichtungen kann die Bewältigung einer solchen Situation deutlich erleichtern. Kommt es zu einer Durchsuchung in einer Wohnung, dann ist es hilfreich, wenn die Schritte und Aufgaben aller Beteiligten klar sind. Wie gehen wir mit Anfragen von Ermittlungsbehörden um? An wen beim Träger können sich Betreuende im Ernstfall wenden? Gibt es externe Stellen, mit denen kooperiert werden kann und die bei akutem Bedarf ansprechbar sind? Wer kümmert sich um Jugendliche, die zu Zeug*innen von gewaltsamen Situationen wurden? Wer kümmert sich um die betroffene Person?

Eine weitere Frage ist jene nach dem Umgang mit rassistischen und diskriminierenden Aussagen und Handlungen innerhalb des Teams. Ist es legitim, diese anzusprechen? Eine eigene fachliche Konfliktbereitschaft verbunden mit einer Fehlerfreundlichkeit im Team kann eine konstruktive Auseinandersetzung mit solchen Aussagen fördern. Soziale Arbeit als Menschenrechtsprofession beinhaltet eben auch die Bereitschaft, fachlich zu streiten (Prasad, 2018).

7.3 Ausblick auf eine rassismuskritische Soziale Arbeit

Polizeieinsätze wie die beschriebenen sind möglich in einer Gesellschaft, die Strukturen, die von postkolonialen Machtverhältnissen geprägt sind, ausblendet oder schlicht akzeptiert. Diese strukturellen Missstände können jedoch aufgebrochen und verändert werden. Eine professionelle Soziale Arbeit kann mit der aktiven Einübung einer macht- und rassismuskritischen Haltung dazu beitragen, diese Verhältnisse zu verändern und jungen Menschen, die von diesen Strukturen benachteiligt werden, die Teilhabe an gesellschaftlichen Ressourcen zu ermöglichen.

Rassismussensibel zu arbeiten bedeutet im Setting der Jugendhilfe, junge Menschen als individuelle Personen mit ebenso individuellen Biografien wahrzunehmen und trotzdem zu wissen, dass diese aufgrund einiger Merkmale, die ihnen meist von außen zugeschrieben werden, vulnerabel für (re-)traumatisierende rassistische Erfahrungen sind. Macht- und rassismuskritisch in einem *weiß* dominierten Jugendhilfesystem zu arbeiten bedeutet dann, sich selbst – als *weiße* Person – dieser Macht bewusst zu sein, diese positiv zu nutzen und bereit zu sein, Macht und Ressourcen zu teilen.

8 Forderungen an das psychosoziale Versorgungssystem für geflüchtete Menschen aus rassismuskritischer Perspektive

Die vorangegangenen Kapitel beschreiben das Problem, zeigen aber auch Lösungsvorschläge und Handlungsmöglichkeiten. Auf dieser Grundlage werden in diesem Kapitel Forderungen an das psychosoziale Versorgungssystem für geflüchtete Menschen formuliert. Diese Forderungen entsprechen vor allem einer rassismuskritischen Perspektive und sind deshalb ein Ausschnitt aus einem weit größeren Feld an notwendigen Änderungen in der Begleitung von geflüchteten Menschen.

8.1 Erkennen und Benennen rassistischer Strukturen

An erster Stelle soll hier die Forderung nach dem Erkennen, der Anerkennung und der Benennung des Problems stehen. Wenn Rassismus nur in extremen Gebieten, wie rechtsradikalen Gruppierungen, verortet wird, dann wird Rassismus als Problem in der Gesellschaft zwar anerkannt, jedoch wird die Verantwortung hierfür und die eigene Involvierung in diese Strukturen verkannt. Erst die öffentliche Anerkennung von fortbestehenden postkolonialen Machtstrukturen, die tief in der Gesellschaft verwurzelt sind, ist ein erster Schritt in eine neue gewaltfreie Richtung. Ein solches Bewusstwerden des Problems muss auch auf einer kollektiven fachlichen Ebene stattfinden, damit Machtgefälle und Rassismen in Hilfesystemen abgebaut werden können.

Kampagnen, die öffentlich darauf verweisen, frei von Rassismus zu sein und Diskriminierung abzulehnen, laufen Gefahr, die eigene Verstrickung in rassistische Strukturen zu verleugnen. Rassismus wird dann mit einem Fingerzeig auf ein äußeres Unbekanntes verschoben, und die eigene Institution wird freigesprochen. Etwas zu kritisieren bedeutet jedoch nicht, als Einrichtung frei von diesen Strukturen zu sein.

Wann kann eine Institution sich dann als frei von Rassismus und Diskriminierung bezeichnen? Womöglich ist dieser Titel erst berechtigt, wenn Bewerber*innen, Nutzer*innen, Fachkräfte – also alle Menschen – die gleichen Chancen haben, von gesellschaftlichen Ressourcen zu profitieren und Teil der jeweiligen Institution zu sein. Rassismusfreie Versorgungsstrukturen würden dann beispielsweise allen betroffenen Menschen den gleichen Zugang zu Gesundheitsförderung, Beratungen und Psychotherapie ermöglichen, würden Fachkräfte im Versorgungssystem genauso divers abbilden, wie es in der Gesellschaft der Fall ist, und könnten auf eine besondere Aufforderung zur Bewerbung von BPOC-Fachkräften verzichten.

8.2 Vom System der Zwei-Klassen-Versorgung hin zum Fachkräftegebot

Die Begleitung und therapeutische Behandlung von traumatisierten Menschen setzen im Regelfall eine fachliche Berechtigung wie eine qualifizierte Aus- und Weiterbildung von Fachkräften voraus. Vor allem die Behandlung von Traumafolgestörungen erfordert eine ausgeprägte fachliche Sensibilität und das Wissen um mögliche Risiken in diesem Prozess. Dieser hohen fachlichen Anforderung steht die restriktive Versorgungsstruktur für geflüchtete Menschen gegenüber, die unter anderem dafür sorgt, dass Anträge auf psychotherapeutische Behandlung vor allem unter dem Asylbewerberleistungsgesetz oft abgelehnt werden (BAfF, 2019). Darüber hinaus ist die psychotherapeutische Versorgungslage insgesamt angespannt, was eine fachlich qualifizierte Unterstützung erschwert. Dem Versuch, diese Lücken zu schließen, folgte die Verlagerung der Versorgung auf semiprofessionelle und ehrenamtliche Strukturen. Eine Zusammenarbeit verschiedenster Professionen und die Einbindung Ehrenamtlicher ist generell ein bereichernder Ansatz, der aber bedenklich wird, wenn diese zu den einzigen Verantwortungstragenden in einem fachlich hoch anspruchsvollen Gebiet werden. Was aus diskriminierenden Strukturen, die geflüchteten Menschen einen Zugang zum Versorgungssystem generell erschweren, entstanden ist, führt zu einer systematischen Einführung eines Zwei-Klassen-Versorgungssystems.

All diese Ansätze sind ein Versuch, für Menschen in Not ein Mindestmaß an Unterstützung zu gewährleisten. Allerdings schließt sich hier auch wieder der Kreis von diskriminierenden Strukturen, die bestimmten Menschen die Ressourcen der Gesellschaft verweigern und diese Benachteiligungen weiter aufrechterhalten. Die Begleitung und vor allem psychotherapeutische Behandlung von geflüchteten Menschen durch qualifizierte Fachkräfte muss gewährleistet werden. Auch geflüchtete Menschen haben wie alle Menschen das Recht auf eine fachlich fundierte Versorgung.

8.3 Personalpolitik

In den folgenden Abschnitten werden personalpolitische Forderungen formuliert, die sich auf das Bewerbungsverfahren, die Arbeitshaltung in den Einrichtungen sowie die Aus-, Fort- und Weiterbildung beziehen.

Diversität von Fachkräften im Versorgungssystem

Wie in den vorangegangenen Kapiteln beschrieben, ist das psychosoziale Versorgungssystem *weiß* dominiert, Schwarze Menschen, PoC oder Fachkräfte mit Fluchtbiografie sind in diesem System deutlich seltener vertreten. Für Menschen, die von Rassismus betroffen sind, bedeutet dies, sich mit ihren Erfahrungen meist an Menschen wenden zu müssen, die nie aufgrund ihrer Hautfarbe, Religionszugehörigkeit oder anderer Kriterien verletzt und benachteiligt wurden. Es kann jedoch hilfreich sein, wenn Fachkräfte in Beratung und Therapie arbeiten, die das Problem aufgrund von eigener Betroffenheit kennen. Klient*innen haben dann zumindest selbst die Wahl, wem sie sich anvertrauen möchten und von wem sie Hilfe in Anspruch nehmen möchten. Dies kann aber erst durch eine Diversität von Fachkräften innerhalb des Teams erreicht werden, die auch die Diversität der Gesellschaft widerspiegelt.

Aufforderungen zur Bewerbung in Stellenausschreibungen, die wie folgt lauten: »Bewerbungen von Schwarzen Menschen, PoC und Menschen mit Migrationserfahrung sind ausdrücklich erwünscht« stellen womöglich den Versuch dar, eine größere Diversität zu erreichen und nicht zuletzt auch von dem Mehrwert zu profitieren, den sprachliche Kompetenzen und Erfahrungsreichtum mit sich bringen. Solche Aufforderungen bewirken vermutlich aber selten, dass BPOC-Fachkräfte tatsächlich häufiger in diesen Bereichen vertreten sind. Hier wird lediglich ein Wunsch von Arbeitgeber*innen geäußert und die Aufforderung zur Bewerbung an eine Personengruppe gerichtet. Außer Acht gelassen wird dabei jedoch, dass es die Zugangshürden sind, die Menschen davon abhalten, an einem System teilzuhaben, und weniger die Motivation der Menschen selbst. Anstatt also eine Handlungsaufforderung an eine bestimmte Personengruppe zu richten, gilt es auch hier, die Hürden, die diese Teilhabe verhindern, innerhalb der Institution selbst abzubauen. Eine Möglichkeit ist das anonyme Bewerbungsverfahren, bei dem auf Angaben zu Namen, Wohnort, Geschlecht und weiteren Kriterien verzichtet wird. Jedoch kann auch hier kritisiert werden, dass Menschen gleichsam ihre Identität verstecken müssen, um überhaupt eine Chance zu bekommen. Sich zu verstellen, sich nicht mit allen zugehörigen Merkmalen präsentieren zu dürfen, schafft somit auch hier wieder ein Machtgefälle, das Hierarchien zwischen Menschen aufrechterhält.

Umgang mit Vielfalt von Fachkräften beim Träger
Grundsätzlich bringt die Diversität von Menschen immer einen Mehrwert mit sich. Die beschriebene Herangehensweise, eine möglichst große Diversität im Versorgungssystem zu erreichen, beruht oft auf der Idee, dass sprachliche und kulturelle Vielfalt die Arbeit mit verschiedensten Anforderungen erleichtert und bestehende Machtgefälle abbaut. Allerdings darf dieser Wunsch nach Vielfältigkeit nicht zu einem grundsätzlichen »cultural matching« von Berater*innen und Klient*innen verkommen, bei dem die Grundannahme lediglich ist, dass gleiche Zuschreibungen auch zu gleichen Bedürfnissen und Problemen führen. Wenn rassifizierte Kolleg*innen als Kulturmittelnde eingesetzt werden, dann ist jedoch genau das der Fall. Trotzdem ist es wichtig, die Vielfalt innerhalb der gesamten Institution zu fördern, sodass sich eine Kultur unter Helfenden und Klient*innen verbreitet, in der »cultural matching« ausschließlich auf Wunsch von Klient*innen geschieht. Erst so kann die von Betroffenen als gemeinsam empfundene Basis zu einem vertrauensbildenden Faktor werden, der es ihnen ermöglicht, sich mit ihren Rassismuserfahrungen an Unterstützende zu wenden.

Rassismussensible Ansätze in der Aus-, Fort- und Weiterbildung
Ein rassismussensibler Ansatz kann auch bereits in der Aus-, Fort- und Weiterbildung einen größeren Stellenwert einnehmen. Seminare, die Selbstreflexion in einem fehler-

freundlichen Raum ermöglichen und beispielsweise bei eigenen Ausgrenzungserfahrungen ansetzen, sind ein erster Schritt in diese Richtung. Weitere Inhalte könnten hier die Kenntnis über rechtliche Grundlagen zum Diskriminierungsschutz sowie über Beschwerde-, Beratungs- und Registerstellen sein. Auch ein differenziertes Wissen über Traumakonzepte ermöglicht, Traumatisierungen losgelöst von Kulturalisierungen zu sehen.

Fortbildungen zu diesem Themenbereich müssen zudem nicht auf die Gruppe der Ehrenamtlichen beschränkt werden, sondern für ausgebildete Fachkräfte als gleichermaßen relevant betrachtet werden.

8.4 Trägerhaltung auf der institutionellen Ebene

Um eine rassismussensible Haltung innerhalb des Trägers zu erreichen, braucht es mehr als die Positionierung gegen Rassismus und Diskriminierung nach außen. Hierfür ist es notwendig, die eigenen Arbeitskonzepte und Leitlinien kritisch zu prüfen. Die Arbeit mit interkulturellen Konzepten ist beispielsweise eine häufig angewendete Grundlage. Viele Konzepte arbeiten mit dem Begriff »interkulturell«, die weite Verbreitung verleitet zur Übernahme dieses Begriffs. Bei näherer Prüfung wird aber deutlich, dass die Grundannahme auf äußeren Zuschreibungen und Kulturalisierungen beruht. Die Annahme, eine bestimmte Kultur der »anderen« definieren zu können und auf dieser Grundlage pädagogisch oder therapeutisch handeln zu können, führt zur Aufrechterhaltung von vereinfachten Zuschreibungen, die Menschen aufgrund von Merkmalen, die von der *weißen* Dominanzgesellschaft festgelegt wurden, einer Gruppe zuordnet. Die Ablehnung interkultureller Konzepte ermöglicht die Erarbeitung und Verinnerlichung neuer, von kulturellen Zuschreibungen losgelöster Konzepte.

Darüber hinaus ist ein rassismuskritisches Leitbild, das bestenfalls gemeinsam erarbeitet wird und zur Positionierung nach außen beiträgt, wichtig. In den vorangegangenen Kapiteln wurde der Ansatz von Positionierungen nach außen kritisiert, jedoch handelt es sich hier um die Kritik an Positionierungen, die Rassismusfreiheit proklamieren und es bei diesem Schritt belassen. An dieser Stelle sei aber darauf hingewiesen, dass Stellungnahmen und Positionierungen nach außen trotz allem sinnvoll und wichtig sind, sofern es nicht ausschließlich hierbei bleibt.

Positionierungen und Stellungnahmen braucht es vor allem dann, wenn es zu rassistischen Gewaltvorfällen (z. B. durch Polizeigewalt) in der Einrichtung oder gegen Klient*innen gekommen ist. Hier ist es die Verantwortung der Helfenden, eigene Ressourcen zu nutzen, gegen Gewalttaten öffentlich anzugehen und somit Solidarität zu zeigen.

Mandatswidrige Aufträge, die zur Aufrechterhaltung diskriminierender Strukturen beitragen, können abgelehnt werden. Um Unsicherheiten innerhalb des Teams zu vermeiden, ist eine klare Haltung innerhalb des Trägers notwendig, die den Mitarbeitenden die notwendige Handlungssicherheit gibt. Die Praxiserfahrung hat gezeigt, dass bei vielen Trägern das Mandat deutlich auf der Seite der Behörden und Geldgebenden gesehen wird. Jedoch sollte die Arbeit in jedem Fall immer parteiisch für die Klient*innen ausgerichtet sein. Dies muss auch weiterhin der Fall sein, wenn Klient*innen Entscheidungen treffen, die für Unterstützende nicht immer nachvollziehbar sind.

8.5 Ausblick auf ein faires Versorgungssystem

Um Diskriminierung und rassistische Gewalt abzubauen, benötigt es den Verzicht auf die reduzierende Subsumierung von Menschen unter dem Label »Geflüchtet«. Vielmehr braucht es die Anerkennung von Menschen als Personen mit individuellen Erfahrungen und Biografien, deren Zuordnung zu einer Gruppe einzig und allein durch die jeweiligen Menschen selbst erfolgen kann. Im Mittelpunkt der Unterstützung steht dann weniger das »Wo kommst du her?«, sondern vielmehr das »Wer bist du? Was hast du erlebt?« Die Kategorie »Geflüchtet« dient dann nur noch dazu, Probleme und Benachteiligungen ansprechen und sichtbar machen zu können, dient aber nicht mehr der Zuschreibung von Identitäten.

Ein rassismussensibles und rassismuskritisches psychosoziales Versorgungssystem erkennt die eigenen Verstrickungen auf sowohl individueller als auch struktureller Ebene, versteht die eigenen Handlungsmöglichkeiten und wendet diese an, mit dem Ziel, Diskriminierung und rassistische Gewalt endlich zu beenden.

Literatur

Addy, D. N. (2005). Studie: Rassistische Diskriminierung. Internationale Verpflichtungen und nationale Herausforderungen für die Menschenrechtsarbeit in Deutschland (3. Aufl.). Berlin: Deutsches Institut für Menschenrechte.

Amadeu Antonio Stiftung und PRO ASYL (2020). Chronik flüchtlingsfeindlicher Vorfälle. https://www.mut-gegen-rechte-gewalt.de/node/16802 (Zugriff am 31.07.2020).

Antidiskriminierungsstelle des Bundes (2016). Diskriminierungsrisiken für Geflüchtete in Deutschland. Eine Bestandsaufnahme der Antidiskriminierungsstelle des Bundes. https://www.antidiskriminierungsstelle.de/SharedDocs/Downloads/DE/publikationen/Expertisen/Diskriminierungsrisiken_fuer_Gefluechtete_in_Deutschland.pdf?__blob=publicationFile&v=4 (Zugriff am 17.03.2019).

Arndt, S. (2017). Rassismus. Eine viel zu lange Geschichte. In K. Fereidooni, M. El (Hrsg.), Rassismuskritik und Widerstandsformen (S. 29–46). Wiesbaden: Springer Fachmedien.

Baierl, M. (2016). Mit Sicherheit ein gutes Leben: Die fünf sicheren Orte. In M. Baierl, K. Frey (Hrsg.), Praxishandbuch Traumapädagogik. Lebensfreude, Sicherheit und Geborgenheit für Kinder und Jugendliche (3. Aufl., S. 56–71). Göttingen: Vandenhoeck & Ruprecht.

Blumenthal, A., Schneider, M. (2015). Cottbus: Asylbewerber beschreiben Klima der Angst. RBB Online. https://www.rbb24.de/politik/beitrag/2015/10/cottbus-btu-s (Zugriff am 28.10.2015).

Boger, M., Simon, N. (2016). zusammen – getrennt – gemeinsam. Rassismuskritische Seminare zwischen Nivellierung und Essentialisierung von Differenz. movements. Journal for Critical Migration and Border Regime Studies, 2 (1). http://movements-journal.org/issues/03.rassismus/09.boger,simon--zusammen.getrennt.gemeinsam.html (Zugriff am 4.11.2018).

Bolla-Bong, N. (2012). Traumatisierung, Entmächtigung und Selbst-Ermächtigung im Kontext von Rassismus. Trauma & Gewalt, 6 (4), 278–287.

Bundesfachverband unbegleitete minderjährige Flüchtlinge e. V. – BumF (2019). Die Situation (unbegleiteter) minderjähriger und junger volljähriger Geflüchteter in Deutschland. Auswertung der Online-Umfrage 2019. https://b-umf.de/p/online-umfrage-2019-zur-situation-junger-gefluechteter-auswertung-und-ergebnisse/ (Zugriff am 10.03.2020).

Bundesfachverband unbegleitete minderjährige Flüchtlinge e. V. – BumF, Flüchtlingsrat Berlin, ReachOut Berlin & Evin e. V. (2019). Pressemitteilung vom 23.07.2019. https://b-umf.de/p/polizei-dringt-mit-gezogener-waffe-in-berliner-jugendhilfeeinrichtung-ein/ (Zugriff am 29.01.2020).

Bundesweite Arbeitsgemeinschaft der Psychosozialen Zentren für Flüchtlinge und Folteropfer – BAfF e. V. (2017). Traumasensibler und empowernder Umgang mit Geflüchteten. Ein Praxisleitfaden. http://www.baff-zentren.org/wp-content/uploads/2018/11/BAfF_Praxisleitfaden-Traumasensibler-Umgang-mit-Gefluechteten_2018.pdf (Zugriff am 10.03.2020).

Bundesweite Arbeitsgemeinschaft der Psychosozialen Zentren für Flüchtlinge und Folteropfer – BAfF e. V. (2019). Versorgungsbericht zur psychosozialen Versorgung von Flüchtlingen und Folteropfern in Deutschland (5. Aufl.). http://www.baff-zentren.org/wp-content/uploads/2019/11/BAfF_Versorgungsbericht-5.pdf (Zugriff am 17.03.2020).

Bühring, P., Gießelmann, K. (2019). Geflüchtete und Asylbewerber. Ohne Sprachmittler funktioniert die Versorgung nicht. Deutsches Ärzteblatt, 116 (7). https://www.aerzteblatt.de/archiv/205549/Gefluechtete-und-Asylbewerber-Ohne-Sprachmittler-funktioniert-die-Versorgung-nicht (Zugriff am 07.09.2020).

Carter, R. T. (2007). Racism and psychological and emotional injury: Recognizing and assessing race-based traumatic stress. The Counseling Psychologist, 35 (1), 13–105.

Carter, K. B., Carter, M. K. (1947). Racial identification and preference in negro children. In T. M. Newcomb, E. L. Harrley (Eds.), Readings in social psychology (pp. 169–178). New York: Holt, Reinhart and Winston.

Chakraborty, A., McKenzie, K. (2002). Does racial discrimination cause mental illness? British Journal of Psychiatry, 180 (6), 475–477.

Crocker, J. (2007). The effects of racism-related stress on the psychological and physiological well-being of non-whites. Rivier Academic Journal, 3 (1), 1–3.

Czollek, M. (2018). Desintegriert euch! München: Hanser.
Danielzik, C. (2018). Was ist Rassismus: Eine Begriffserklärung. In Deutsches Institut für Menschenrechte (Hrsg.), Praxis. Rassistische Straftaten erkennen und verhandeln. Ein Reader für die Strafjustiz (S. 33–47). Berlin: Deutsches Institut für Menschenrechte.
Danoff-Burg, S., Prelow, H. M., Swenson, R. R. (2004). Hope and life satisfaction in Black college students coping with race-related stress. Journal of Black Psychology, 30 (2), 208–228.
Decker, O., Brähler, E. (Hrsg.) (2018). Flucht ins Autoritäre. Rechtsextreme Dynamiken in der Mitte der Gesellschaft. Die Leipziger Autoritarismus-Studie 2018. Gießen: Psychosozial-Verlag.
Der Paritätische Berlin (2018). Erklärung zu einem Polizeieinsatz in einer Jugendwohngruppe in Berlin Lichtenberg. https://www.paritaet-berlin.de/presse/stellungnahmen/stellungnahme-detailansicht/article/erklaerung-zu-einem-polizeieinsatz-in-einer-jugendwohngruppe.html (Zugriff am 29.01.2020).
Elbert, T., Wilker, S., Schauer, M., Neuner, F. (2017). Dissemination psychotherapeutischer Module für traumatisierte Geflüchtete Erkenntnisse aus der Traumaarbeit in Krisen- und Kriegsregionen. Nervenarzt, 88, 26–33.
Emcke, C. (2015). Weil es sagbar ist. Über Zeugenschaft und Gerechtigkeit. Frankfurt a. M.: Fischer.
Europäische Union (EU) (2013). Richtlinie 2013/33/EU des Europäischen Parlaments und des Rates vom 26. Juni 2013 zur Festlegung von Normen für die Aufnahme von Personen, die internationalen Schutz beantragen (Neufassung). Amtsblatt der Europäischen Union. https://eur-lex.europa.eu/LexUriServ/LexUriServ.do?uri=OJ:L:2013:180:0096:0116:DE:PDF (Zugriff am 10.03.2020).
Fereidooni, K., El, M. (2017). Rassismus im Lehrer*innenzimmer. In K. Fereidooni, M. El (Hrsg.), Rassismuskritik und Widerstandsformen (S. 477–489). Wiesbaden: Springer Fachmedien.
Franklin, A., Boyd-Franklin, N. (2000). Invisibility syndrome: A clinical model of the effects of racism on African-American males. American Journal of Orthopsychiatry, 70 (1), 33–41.
Friedrich, S., Mohrfeld, J., Schultes, H. (2016). Alltäglicher Ausnahmezustand. Institutioneller Rassismus in deutschen Strafverfolgungsbehörden. In Kampagne für Opfer rassistischer Polizeigewalt (Hrsg.), Alltäglicher Ausnahmezustand. Institutioneller Rasismus in Deutschen Strafverfolgungsbehörden (S. 11–19). Münster: Edition assemblage.

Gibson, B., Robbins, E., Rochat, P. (2015). White bias in 3–7-year-old children across cultures. Journal of Cognition and Culture, 15 (3–4), 344–373.

Greven, T. (2019). Ein Europa der Wut und Angst? Expertisen für Demokratie. Franziska Schröter, Friedrich-Ebert-Stiftung, FORUM Berlin. http://library.fes.de/pdf-files/dialog/15102.pdf (Zugriff am 07.09.2020).

Ha, K. N. (2009). ›People of Color‹ als Diversity-Ansatz in der antirassistischen Selbstbenennungs- und Identitätspolitik. Heimatkunde. Migrationspolitisches Portal. Heinrich-Böll-Stiftung. https://heimatkunde.boell.de/de/2009/11/01/people-color-als-diversity-ansatz-der-antirassistischen-selbstbenennungs-und (Zugriff am 04.09.2020).

Hargasser, B. (2014). Unbegleitete minderjährige Flüchtlinge. Sequentielle Traumatisierungsprozesse und die Aufgaben der Jugendhilfe. Frankfurt a. M.: Brandes & Apsel.

Harrell, S. P. (2000). A multidimentional conceptualization of racism-related stress: Implications for the well-being of people of color. American Journal of Orthopsychiatry, 70 (1), 42–57.

Hooks, B. (1992). Black looks: Race and representation. Boston: South End Press.

Hund, W. D. (2007). Rassismus: Einsichten. Themen der Soziologie. Bielefeld: Transcript.

Igel, U., Brähler, E., Grande, G. (2010). Der Einfluss von Diskriminierungserfahrungen auf die Gesundheit von MigrantInnen. Psychiatrische Praxis, 37 (4), 183–190.

Jäger, M., Kauffmann, H. (Hrsg.) (2002). Leben unter Vorbehalt. Institutioneller Rassismus in Deutschland. Duisburg: Duisburger Institut für Sprach- und Sozialforschung.

Jouni, M., Autor*innenkollektiv »Jugendliche ohne Grenzen« (2018). Zwischen Barrieren, Träumen und Selbstorganisation. Erfahrungen junger Geflüchteter. Göttingen: Vandenhoeck & Ruprecht.

Keilson, H. (2005). Sequentielle Traumatisierung bei Kindern: Untersuchung zum Schicksal jüdischer Kriegswaisen. Gießen: Psychosozial-Verlag.

Keltek, T. (2017). Auswirkungen der NSU-Mordserie auf den Integrationsprozess türkischstämmiger Migranten in Deutschland. In K. Bozay, B. Aslan, O. Mangitay, F. Özfirat (Hrsg.), Die haben gedacht, wir waren das. MigrantInnen über rechten Terror und Rassismus (2., durchgesehene u. ergänzte Aufl., S. 191–200). Köln: Papy Rossa.

Keval, N. (2001). Understanding the trauma of racial violence in a Black patient. British Journal of Psychotherapy, 18 (1), 34–51.
Kilomba, G. (2008). Plantation memories: Episodes of everyday racism. Münster: Unrast.
Kirkinis, K., Pieterse, L., Martin, C., Agiliga, A., Brownell, A. (2018). Racism, racial discrimination, and trauma: A systematic review of social science literature. Ethnicity and Health. DOI: 10.1080/13557858.2018.1514453.
Kolassa, I.-T., Ertl, V., Eckart, C., Kolossa, S., Onyut, L. P., Elbert, T. (2010). The probability of spontaneous remission from PTSD depends on the number of traumatic event types experienced. Psychological Trauma: Theory, Research, Practice, and Policy, 2 (3), 169–174.
Leiprecht, R. (2001). Alltagsrassismus. Eine Untersuchung bei Jugendlichen in Deutschland und den Niederlanden. Münster: Waxmann.
Louw, E. (2018). Erfahrungen von Opfern rassistischer Taten mit der Justiz. In Deutsches Institut für Menschenrechte (Hrsg.), Praxis. Rassistische Straftaten erkennen und verhandeln. Ein Reader für die Strafjustiz (S. 64–71). Berlin: Deutsches Institut für Menschenrechte.
Louw, E., Trabolt, L., Mohrfeldt, J. (2016). Wenn alles anders bleibt. Psychosoziale Folgen rassistischer Polizeigewalt. In Kampagne für Opfer rassistischer Polizeigewalt (Hrsg.), Alltäglicher Ausnahmezustand. Institutioneller Rasismus in Deutschen Strafverfolgungsbehörden (S. 29–43). Münster: Edition assemblage.
Lueken, V. (2018). Vorwort. In J. Baldwin, Von dieser Welt. Übersetzt von Miriam Mandelkow. München: dtv.
Macpherson of Cluny, W. (1999). The Stephen Lawrence inquiry report of an inquiry by Sir William Macpherson of Cluny. Presented to Parliament by the Secretary of State for the Home Department by Command of Her Majesty. February 1999. https://assets.publishing.service.gov.uk/government/uploads/system/uploads/attachment_data/file/277111/4262.pdf (Zugriff am 07.09.2020).
Mecheril, P. (2008). »Kompetenzlosigkeitskompetenz«. Pädagogisches Handeln unter Einwanderungsbedingungen. In G. Auernheimer (Hrsg.), Interkulturelle Kompetenz und pädagogische Professionalität (S. 15–35). Wiesbaden: VS Verlag für Sozialwissenschaften.
Müller, J., Mörgeli, H., Maercker, A. (2008). Disclosure and social acknowledgement as predictors of recovery from posttraumatic stress. Canadian Journal of Psychiatry, 53, 160–168.

Nassir-Shahnian, N. (2013). Dekolonisierung und Empowerment. In Heinrich-Böll-Stiftung (Hrsg.), Dossier Empowerment (S. 16–25). https://heimatkunde.boell.de/sites/default/files/dossier_empowerment.pdf (Zugriff am 17.03.2020).

Oggette, T. (2017). Exit RACISM. Rassismuskritisch denken lernen. Münster: Unrast.

Paradies, Y., Ben, J., Denson, N., Elias, A., Priest, N., Pieterse, A., Gupta, A., Kelaher, M., Gee, G. (2015). Racism as a determinant of health: A systematic review and meta-analysis. PloS ONE, 10 (9), e0138511. DOI: 10.1371/journal.pone.0138511.

Polat, S. (2017). »Ich bin Kokosnuss sozusagen« Biographisches Sprechen und Subjektpositionierung in postkolonialen Ordnungen. In T. Spies, E. Tuider (Hrsg.), Biographie und Diskurs, Theorie und Praxis der Diskursforschung (S. 195–196). Wiesbaden: Springer Fachmedien.

Prasad, N. (2018). Statt einer Einführung: Menschenrechtsbasierte, professionelle und rassismuskritische Soziale Arbeit mit Geflüchteten. In N. Prasad (Hrsg.), Soziale Arbeit mit Geflüchteten. Rassismuskritisch, professionell, menschenrechtsorientiert (S. 9–29). Opladen/Toronto: Barbara Budrich.

Pyke, K. D. (2010). What is internalized racial oppression and why don't we study it? Acknowledging racism's hidden injuries. Sociological Perspectives, 53 (4), 551–572.

Quent, M., Geschke, D., Peinelt, E. (2018). Opferperspektive: Befunde der quantitativen Erhebung. In M. Quent, D. Geschke, E. Peinelt (Hrsg.), Die haben uns nicht ernst genommen. Eine Studie zu Erfahrungen von Betroffenen rechter Gewalt mit der Polizei (3. Aufl.). Erfurt: Ezra – Beratung für Betroffene rechter, rassistischer und antisemitischer Gewalt in Thüringen.

Reißmann, O. (2010). Rechtsextremismus-Studie, Fanatismus auf dem Vormarsch. Spiegel Online. https://www.spiegel.de/politik/deutschland/rechtsextremismus-studie-fanatismus-auf-dem-vormarsch-a-722751.html (Zugriff am 12.12.2017).

Richards, G. (1997). »Race«, racism and psychology. Towards a reflexive history. London/New York: Routledge.

Richman, L., Jonassaint, C. (2008). The Effects of race-related stress on cortisol reactivity in the laboratory: Implications of the Duke Lacrosse Scandal. Annals of Behavioral Medicine, 35 (1), 105–110.

Ridley, C. (1995). Overcoming unintentional racism in counseling and therapy. A practitioner's guide to intentional intervention. Multicultural aspects of counseling series. Vol. 5. Thousand Oaks: Sage Publications.

Schriefers, S., Hadzic, E. (Hrsg.) (2018). Sprachmittlung in Psychotherapie und Beratung mit geflüchteten Menschen: Wege zur transkulturellen Verständigung. Göttingen: Vandenhoeck & Ruprecht.
Sequiera, D. F. (2015). Gefangen in der Gesellschaft – Alltagsrassismus in Deutschland. Rassismuskritisches Denken und Handeln in der Psychologie. Marburg: Tectum Verlag.
Siklossy, G., Iganski, P. (2009). Racist violence and support to victims. ENAR Factsheet 42. Brüssel: European Network against Racism. https://www.enar-eu.org/IMG/pdf/fs42_-_racist_violence_and_support_to_victims_en.pdf (Zugriff am 07.09.2020).
Sue, D. W., Capodilupo, C. M., Torino, G. C., Bucceri, J. M., Holder, A. M. B., Nadal, K. L., Esquilin, M. (2007). Racial microaggressions in everyday life: Implications for clinical practice. The American Psychologist, 62 (4), 271–286.
Sutin, A., Stephan, Y., Terracciano, A. (2016). Perceived discrimination and personality development in adulthood. Developmental Psychology, 52 (1), 155–163.
Tißberger, M. (2013). Dark Continents und das Unbehagen in der weißen Kultur. Rassismus, Gender und Psychoanalyse aus einer Critical-Whiteness-Perspektive. Münster: Unrast.
Torres-Harding, S., Andrade, A., Romero Diaz, C. (2012). The Racial Microaggressions Scale (RMAS): A new scale to measure experiences of racial microaggressions in people of color. Cultural Diversity and Ethnic Minority Psychology, 18 (2), 153–164.
Trenczek, T., Behlert, W. (2020). Stellungnahme zur Verwaltungsanweisung des Amts für Soziale Dienste Bremen zur Anwendung von unmittelbarem Zwang im Verfahren zur Verteilung unbegleiteter minderjähriger Ausländer*innen vom 9.1.2020. https://b-umf.de/p/stellungnahme-zwang-im-verteilverfahren-bei-unbegleiteten-minderjaehrigen-ist-rechtswidrig/ (Zugriff am 10.03.2020).
Velho, A. (2016) Alltagsrassismus erfahren. Prozesse der Subjektbildung – Potenziale der Transformation. Bern et al.: Peter Lang.
Verband der Beratungsstellen für Betroffene rechter, rassistischer und antisemitischer Gewalt (VBRG) (2020). Rechte, rassistische und antisemitische Gewalt in Deutschland 2019 – Jahresbilanzen der Opferberatungsstellen. https://www.verband-brg.de/rechte-rassistische-und-antisemitische-gewalt-in-deutschland-2019-jahresbilanzen-der-opferberatungsstellen/ (Zugriff am 04.09.2020).
Wallace, S., Nazroo, J., Bécares, L. (2016). Cumulative effect of racial discrimination on the mental health of ethnic minorities in the United Kingdom. American Journal of Public Health, 106 (7), 1294–1300.

Wieland, N. (2018). Minderjährige Flüchtlinge und ihre Familien: Identität und Identitätsentwicklung. In L. Hartwig, G. Mennen, C. Schrapper (Hrsg.), Handbuch Soziale Arbeit mit geflüchteten Kindern und Familien (S. 354–369). Weinheim: Beltz Juventa.

Witt, A., Rassenhofer, M., Fegert, J. M., Plener, P. L. (2015). Hilfebedarf und Hilfsangebote in der Versorgung von unbegleiteten minderjährigen Flüchtlingen. Eine systematische Übersicht. Kindheit und Entwicklung, 24 (4), 209–224.

Yeboah, A. (2017). Rassismus und psychische Gesundheit in Deutschland. Intersektionalität: Multiple Unterdrückungserfahrungen. In K. Fereidooni, M. El (Hrsg.), Rassismuskritik und Widerstandsformen (S. 143–161). Wiesbaden: Springer Fachmedien.

Yosso, T. J., Smith, W. A., Ceja, M., Solorzano, D. G. (2009). Critical race theory, racial microaggressions, and campus racial climate for Latina/o undergraduates. Harvard Educational Review, 79 (4), 659–691.

Zimmermann, D. (2016). Migration und Trauma. Pädagogisches Verstehen und Handeln in der Arbeit mit jungen Flüchtlingen (4. Aufl.). Gießen: Psychosozial.